SARAMAGO
um roteiro para os romances

Eduardo Calbucci

# Saramago

um roteiro para os romances

Ateliê Editorial

Copyright © 1999 by Eduardo Calbucci

Direitos reservados e protegidos pela Lei 9.610 de 19 de fevereiro de 1998.
É proibida a reprodução total ou parcial sem autorização, por escrito, da editora.

1ª edição, 1999
2ª edição, revista e ampliada, 2022

Dados Internacionais de Catalogação na Publicação (CIP)
(Câmara Brasileira do Livro, SP, Brasil)

---

Calbucci, Eduardo
  *Saramago: Um Roteiro para os Romances* / Eduardo
Calbucci. – 2. ed. – Cotia, SP: Ateliê Editorial, 2022.

  ISBN 978-65-5580-090-6

  1. Análise literária 2. Crítica literária 3. Literatura
portuguesa – História e crítica 4. Saramago, José 1922 –
Crítica e interpretação
  I. Título.

22-121293                                   CDD-869.09

---

Índices para catálogo sistemático:

1. Literatura portuguesa: História e crítica 869.09

Aline Graziele Benitez – Bibliotecária – CRB-1/3129

Direitos reservados à
ATELIÊ EDITORIAL
Estrada da Aldeia de Carapicuíba, 897
06709-300 – Granja Viana – Cotia – SP
Tel.: (11) 4702-5915
www.atelie.com.br | contato@atelie.com.br
facebook.com/atelieeditorial | blog.atelie.com.br

2022

Printed in Brazil
Foi feito depósito legal

# Sumário

Agradecimentos. . . . . . . . . . . . . . . . . . . . . . . . . . . . . . . . 7

Introdução . . . . . . . . . . . . . . . . . . . . . . . . . . . . . . . . . . 9

1. Seis Passeios pelo Bosque de Saramagos. . . . . . . . . . 15

2. *Memorial do Convento:* O Voo das Vontades
   Humanas. . . . . . . . . . . . . . . . . . . . . . . . . . . . . . . . . . 23

3. *O Ano da Morte de Ricardo Reis:* O Espetáculo
   do Mundo. . . . . . . . . . . . . . . . . . . . . . . . . . . . . . . . . 35

4. *A Jangada de Pedra:* Navegar é Preciso, Viver.... . . . . . 47

5. *História do Cerco de Lisboa:* Os Limites da Ficção. . . 57

6. O *Evangelho Segundo Jesus Cristo*: Entre a Glória
   e a Blasfêmia . . . . . . . . . . . . . . . . . . . . . . . . . . . . . . 65

7. *Ensaio sobre a Cegueira:* A Luz Perdida dos (nos)
   Olhos . . . . . . . . . . . . . . . . . . . . . . . . . . . . . . . . . . . . 81

6 ♦ Saramago – Um Roteiro para os Romances

8. As Marcas de um Estilo Inconfundível. . . . . . . . . . .89

9. A Intertextualidade . . . . . . . . . . . . . . . . . . . . . .103

10. Uma Hipótese de Trabalho: Talvez um Atalho
    no Bosque. . . . . . . . . . . . . . . . . . . . . . . . . . . . .115

11. Os Prêmios Literários e o Nobel. . . . . . . . . . . . .123

Bibliografia . . . . . . . . . . . . . . . . . . . . . . . . . . . . .125

# Agradecimentos

Aos professores Ivan Teixeira, Vera Bastasin, Horácio Costa, Mário Higa e Dácio de Castro, que foram fundamentais para a primeira versão deste livro. Aos professores José Luiz Fiorin, Francisco Platão Savioli, Luiz Tatit, Norma Discini, Diana Luz Pessoa de Barros e Paulo César de Carvalho, essenciais para esta segunda edição.

# Introdução

Em Portugal, no Ribatejo, expressão que identifica uma região a nordeste de Lisboa, numa aldeia em que os camponeses andam descalços, nasceu, no dia 16 de novembro de 1922, José de Sousa (esse era para ser o nome de Saramago). Era para ser porque a família do escritor tinha apenas um sobrenome, Sousa. Acontece que na aldeia de Azinhaga todas as famílias eram conhecidas por apelidos, e a de "Saramago" recebeu esta alcunha por associação a uma planta silvestre. Quando o pai foi fazer o registro do recém-nascido, ele disse: "Vai se chamar José como o pai", e o funcionário do cartório resolveu, por conta própria, acrescentar ao nome escolhido o apelido da família. A ousadia do cartorário só foi descoberta sete anos mais tarde, quando o garoto foi matriculado na escola primária e os pais perceberam que ele se chamava José de Sousa Saramago. O pior é que a família nunca viu com bons olhos a alcunha recebida em Azinhaga...

Aos dois anos, Saramago rumou com os pais para a capital do país. De infância pobre, ele cursou a Escola Industrial e começou trabalhando como serralheiro. Estreou nos meios literários em 1947 com o romance *Terra do Pecado* (publicado no mesmo ano em que nasceu sua única filha, Violante, do casamento com a pintora Ilda Reis), tendo depois ficado duas décadas em silêncio. Em 1966 vieram *Os Poemas Possíveis* e, após eles, um passeio por vários gêneros literários: poesia, conto, teatro, crônica[1]. A partir da década de 1980, ele começa a concentrar-se no que melhor soube fazer: romances. Em meados dos anos de 1970, o escritor havia abandonado o jornalismo: por motivos políticos, ele foi forçado a deixar o cargo de diretor-adjunto que ocupava no *Diário de Notícias*, um dos mais conceituados jornais portugueses, ocupando-se então somente com a literatura. Antes disso, Saramago já havia sido editorialista do *Diário de Lisboa*.

*Levantado do Chão* (1980) é o segundo romance de Saramago e foi, na realidade, o início de uma carreira que culmina com *Memorial do Convento* (1982), *O Evangelho Segundo Jesus Cristo* (1991) e *Ensaio sobre a Cegueira* (1995). Sucesso de crítica e público, traduzido para dezenas de idiomas, vencedor de inúmeros prêmios, principalmente em Portugal e na Itália, o escritor foi o primeiro representante da Língua Portuguesa a ganhar o Nobel de Literatura. Ao lado da jornalista espanhola Pilar del Rio, ele viveu na ilha de Lanzarote, no arquipélago das Canárias, que pertence à Espanha e fica no Atlântico, até sua morte, em 2010.

Saramago é considerado por muitos o maior romancista português do final do século XX, início do século XXI.

---

1. Maiores informações sobre a obra de Saramago anterior a *Levantado do Chão* podem ser encontradas em: Horácio Costa, *José Saramago – O Período Formativo*, Lisboa, Caminho, 1997; Belo Horizonte, Ed. Moinhos, 2020.

O saudoso poeta e tradutor José Paulo Paes ia mais longe: segundo ele, Saramago fazia "a melhor prosa de ficção da Língua Portuguesa" de sua época.

A base histórico-ideológica da literatura de José Saramago é o Neorrealismo, que se difunde em Portugal a partir de 1938. Segundo A. J. Saraiva e Óscar Lopes, essa tendência "apresenta como característica básica uma nova focagem da realidade portuguesa, de certo modo análoga à da Geração de 70[2], mas que [...] critica o elitismo pedagógico [...], pois tem em vista a conscientização e dinamização de classes sociais mais amplas"[3]. O romance *Terra do Pecado* foi escrito, portanto, na época neorrealista, embora a obra, segundo Horácio Costa, apresente "uma notável defasagem estilística e, mesmo, temática, em relação à escrita romanesca que então se processava em Portugal", sendo que é no Naturalismo "que poderemos observar os traços literários dominantes em *Terra do Pecado*"[4].

A partir da década de 1960, autores como Vergílio Ferreira e José Cardoso Pires dão um impulso experimentalista ao Neorrealismo instaurado por Alves Redol, Fernando Namora e Miguel Torga. Surgem então inovações estruturais na prosa de ficção portuguesa. Essas inovações continuam na década de 1970, com António Lobo Antunes, Lídia Jorge e Almeida Faria. Finalmente, no início dos anos de 1980, surgem os grandes romances de José Saramago.

---

2. A Geração de 70 é uma referência aos autores, liderados por Antero de Quental, que iniciaram o Realismo em Portugal no século XIX.

3. António José Saraiva e Óscar Lopes, *História da Literatura Portuguesa*, Porto, Porto Editora, 1995, p. 1078.

4. Horácio Costa, *op. cit.*, 1997, pp. 28-29.

Influenciado, portanto, pelo Neorrealismo (e também pelo Realismo-Naturalismo), mas buscando a todo tempo dar contornos mais peculiares ao seu texto, Saramago encontrou um estilo bastante pessoal na Literatura atual: suas parábolas e alegorias são bastante criativas e nem sempre de intelecção imediata; os sinais de pontuação são todos substituídos por vírgulas ou pontos finais; a organização sintática lembra o conceptismo barroco; o vocabulário é repleto de termos eruditos; o diálogo com outros textos importantes da Língua é frequente. Ainda assim, Saramago foi consagrado pelos leitores, que normalmente preferem textos mais "fáceis". O sucesso espantava o próprio autor, que perguntava: "Sugiro uma investigação nesse sentido: por que livros que realmente não são de leitura fácil tiveram e continuam a ter tantos leitores, sendo tão evidente que o autor não faz concessões de qualquer espécie?" Ele mesmo ensaia uma resposta: "Ouso pensar que os leitores encontrem nesses livros, não digo uma resposta, mas os ecos das suas próprias inquietações e, sendo assim, não permitem que as dificuldades os vençam"[5].

Ateu convicto, comunista de carteirinha e pessimista atroz, Saramago dizia que sofreu certas antipatias por causa de suas posições pessoais, que algumas vezes parecem estar disseminadas sob o manto da ficção, como ocorre, por exemplo, com a "mão esquerda de Deus" no *Memorial do Convento*, com a crítica pesada à União Europeia em *A Jangada de Pedra* ou com a humanização total de Jesus em *O Evangelho Segundo Jesus Cristo*.

---

5. Esta declaração foi conseguida numa entrevista exclusiva com o autor, iniciada em Paris, em 5 de fevereiro de 1997, e continuada, por fax, de Lanzarote, em 30 de março do mesmo ano.

Este trabalho se concentrará nos seis romances mais conhecidos de José Saramago, mas fique aqui registrada sua bibliografia literária até 2022:

- POESIA: *Os Poemas Possíveis* (1966), *Provavelmente Alegria* (1970) e *O Ano de 1993* (1975).
- TEATRO: *A Noite* (1979), *Que Farei com Este Livro?* (1980), *A Segunda Vida de Francisco de Assis* (1989), *In Nomine Dei* (1993) e *Dom Giovanni ou o Dissoluto Absolvido* (2005).
- CRÔNICA: *Deste Mundo e do Outro* (1971) e *A Bagagem do Viajante* (1973).
- CRÔNICA POLÍTICA: *As Opiniões que o DL Teve* (1974), *Os Apontamentos* (1990) e *Folhas Políticas* (1993).
- DIÁRIO: *Cadernos de Lanzarote* (seis volumes – a partir de 1994) e *O Caderno* (2009).
- ESTÉTICA/AUTOBIOGRAFIA: *Manual de Pintura e Caligrafia* (1977) e *As Pequenas Memórias* (2006).
- ROTEIRO TURÍSTICO: *Viagem a Portugal* (1981).
- CONTO: *Objeto Quase* (1978), *O Conto da Ilha Desconhecida* (1998), *A Maior Flor do Mundo* (2001) e *O Lagarto* (2016).
- ROMANCE: *Terra do Pecado* (1947), *Levantado do Chão* (1980), *Memorial do Convento* (1982), *O Ano da Morte de Ricardo Reis* (1984), *A Jangada de Pedra* (1986), *História do Cerco de Lisboa* (1989), *O Evangelho Segundo Jesus Cristo* (1991), *Ensaio sobre a Cegueira* (1995), *Todos os Nomes* (1997), *A Caverna* (2002), *O Homem Duplicado* (2002), *Ensaio sobre a Lucidez* (2004), *As Intermitências da Morte* (2005), *A Viagem do Elefante* (2008), *Caim* (2009), *Claraboia* (2011) e *Alabardas, Alabardas, Espingardas, Espingardas* (inacabado, 2014).

Além dos textos mencionados, Saramago participou de uma obra coletiva chamada *Poética dos Cinco Sentidos*, publicada em 1979 pela Livraria Bertrand de Lisboa. O romance *Claraboia* foi escrito em 1949 e recusado pelos editores. Por decisão da família do escritor, o texto foi publicado postumamente.

# 1

# Seis Passeios pelo Bosque de Saramagos[1]

O presente estudo constará de uma visão panorâmica dos seis romances mais expressivos, a nosso ver, da obra de José Saramago. São eles: *Memorial do Convento* (1982), O *Ano da Morte de Ricardo Reis* (1984), *A Jangada de Pedra* (1986), *História do Cerco de Lisboa* (1989), O *Evangelho Segundo Jesus Cristo* (1991) e *Ensaio sobre a Cegueira* (1995).

Mas, para compreender melhor as características desses seis romances, talvez seja necessário lembrar a publicação de *Levantado do Chão*, livro que marcou, em 1980, a opção exclusiva de Saramago pela Literatura. Essa opção, ao que parece, está vinculada à sua saída do *Diário de Notícias*.

Em 25 de abril de 1974, deu-se em Portugal a Revolução dos Cravos, que depôs o regime ditatorial de inspiração fascista que mandava no país há quase cinquenta anos.

---

1. O título deste capítulo inicial faz uma referência, guardadas evidentemente as devidas proporções, à famosa série de conferências proferidas por Umberto Eco na Universidade de Harvard em 1994. No Brasil elas foram publicadas, pela Companhia das Letras, sob o título de *Seis Passeios pelos Bosques da Ficção*.

A Revolução acendeu em terras lusitanas uma chama socialista, justamente no momento em que Saramago ganhava força no jornalismo português. Em novembro de 1975, uma espécie de contragolpe conservador apagou as esperanças do 25 de Abril. Boa parte da redação do *Diário de Notícias* foi demitida, inclusive seu diretor-adjunto. Surgia o romancista.

Entre 1976 e 1980, Saramago viveu de traduções do francês, sem procurar qualquer outro tipo de emprego. Já com um projeto na cabeça, ele viajou então ao Alentejo para começar a narrar a saga da família Mau-Tempo, espécie de sem-terra de Portugal. Publica, com 58 anos, seu segundo romance, *Levantado do Chão* (título que inspirou Chico Buarque a compor uma canção em homenagem ao MST, o Movimento dos Trabalhadores Rurais Sem Terra, com a aprovação inconteste do escritor, em 1997)[2].

O fato de Saramago só ter iniciado, na prática, sua carreira literária aos 58 anos vale algumas considerações[3]. Durante toda a vida, ele foi um leitor voraz, tendo também praticado vários gêneros literários: isso provavelmente lhe deu bons subsídios para sua obra cinquentenária. Ademais, o autor foi capaz de modular os exageros típicos da adolescência com a sabedoria experta e resignada de quem nasceu

---

2. A canção mencionada é *Levantados do Chão*, parceria de Chico Buarque e Milton Nascimento, que foi gravada para o CD que acompanhou o livro de fotos *Terra*, de Sebastião Salgado (Companhia das Letras, 1997), prefaciado por José Saramago. Chico, Salgado e Saramago doaram os direitos autorais dessa obra coletiva para o MST.

3. Horácio Costa, em sua obra já citada, mostra que, embora a crítica se concentre primordialmente no Saramago da década de 1980, o período anterior a *Levantado do Chão*, apesar de secundário, é fundamental para dar uma visão totalizadora de sua carreira literária. Este nosso estudo, ainda que se baseie na parte consagrada da obra de Saramago, reconhece a importância do seu período formativo, mas não tem por objetivo continuar a análise crítica de Costa.

numa humilde aldeia de camponeses, cursou apenas o primário, trabalhou como serralheiro e chegou a ser um requisitado tradutor de Lisboa. Esse quadro lembra um pouco a literatura de Machado de Assis, que publicou seu primeiro romance, *Ressurreição* (1872), já com 33 anos, e o divisor de águas da sua obra é *Memórias Póstumas de Brás Cubas* (1881), que saiu quando ele tinha 41 anos. Para citar outro exemplo, Guimarães Rosa só estreia literariamente, aos 38 anos, com *Sagarana* (1946)[4]; depois é uma década de silêncio até *Grande Sertão: Veredas* (1956), seu único romance, publicado aos 48 anos. Saramago, Machado e Rosa, respeitadas as diferenças, assemelham-se por não se levarem apenas pelos impulsos incipientes da juventude, tendo conseguido moldá-los a uma certa maturidade estética (o caso é que em Rosa isso foi um projeto de certo modo consciente; em Machado, o curso natural dos acontecimentos; e em Saramago, um imenso acaso). Isso não ocorreu em nenhum dos níveis com o talentoso Álvares de Azevedo, que morreu com vinte anos em 1852. Ninguém em sã consciência dirá que o talento de Álvares supera o peso dos 41 anos de Machado, dos 48 de Rosa ou ainda dos 58 de Saramago. O talento artístico talvez seja um diamante em estado bruto. Resta ao tempo lapidá-lo.

Não seria absurdo dizer então que Saramago começa a dedicar-se exclusivamente à Literatura já com uma obra-prima, fruto dos anos, das leituras e de suas múltiplas experiências literárias.

---

4. Antes de *Sagarana*, Rosa já tinha publicado, em 1930, alguns contos na revista *O Cruzeiro*. Em 1936, ele se inscreveu no Concurso de Poesia da Academia Brasileira de Letras com o livro *Magma*, que recebeu o primeiro prêmio, mas, àquela altura, o escritor não quis publicá-lo. Consta que era vontade testamentária do autor que o livro nunca fosse impresso, mas, em 1997 (quando se completaram trinta anos da morte de Rosa), a Nova Fronteira conseguiu editá-lo.

A partir de 1982, a literatura de Saramago se solidifica com marcas singulares de seu estilo, pois, em *Levantado do Chão*, apesar de várias inovações formais, o legado do Neorrealismo impedia que o escritor desenvolvesse plenamente toda sua potencialidade. Com *Memorial do Convento*, Saramago se aproxima cada vez mais aos escritores latino--americanos do chamado Realismo Mágico ou Fantástico, como Julio Cortázar, Mario Vargas Llosa e Gabriel García Márquez. Não que ele tenha sentido influência direta desses escritores (aliás, ele não vê paralelo nenhum entre a sua literatura e a desses latino-americanos), mas é patente que tanto Saramago quanto Cortázar, Llosa e Márquez assumiram uma posição crítica semelhante em face do realismo documental, que estava se esgotando em suas próprias possibilidades. Surgem então várias novidades estilísticas e, principalmente, é dado um grande valor à imaginação e à fantasia, que se tornam, aliás, uma das maneiras de rediscutir a noção de realismo. Bella Josef diz:

Em face das atuais exigências do fazer artístico, a arte contemporânea tem procurado novos rumos, elaborando novos modelos de criatividade, alterando os esquemas básicos e implicando uma necessidade intrínseca de experimentação. Transforma-se, assim, em instrumento de investigação e conhecimento. Seu objetivo é o questionamento da realidade, que procura refletir e influenciar, ao mesmo tempo que se examina para se transformar e aos seus próprios conceitos[5].

---

5. Bella Josef, *O Espaço Reconquistado – Uma Releitura: Linguagem e Criação no Romance Hispano-americano Contemporâneo*, Rio de Janeiro, Paz e Terra, 1993, p. 20.

Esses escritores latino-americanos, portanto, negavam uma forma mecanicista e simplista de captação artística do mundo em prol de visões mais pessoais e mais vinculadas à América Latina. Tratava-se de reagir ao colonialismo cultural, buscando ao mesmo tempo uma "literatura viva", que respeitasse as raízes latino-americanas, e um diálogo com a tradição da metrópole. A fantasia e a imaginação apareciam como um dos modos de promover essa "interação" colônia--metrópole, sem perder de vista qualquer perspectiva crítica. Afirma ainda Bella Josef:

> Ao romancista das certezas, que compreendia e aceitava o universo e as razões de suas harmonias ou desarmonias, correspondendo a um mundo estável, de princípios imutáveis, sucede o romancista da indagação em face de um mundo instável, massificado, em acelerada metamorfose, cujas causas ele procura compreender[6].

Saramago provavelmente nega a influência do Realismo Fantástico por entendê-lo como um movimento que só faz sentido no âmbito das antigas colônias, sobretudo hispânicas, da América Latina. Porém é inegável que Portugal, na segunda metade do século, também estava atrás de uma linguagem autêntica que diferenciasse o país do resto da Europa (cujos romances sobreviviam de um existencialismo já sem vigor algum). Saramago e os autores latino-americanos já mencionados estavam atrás de um "realismo artístico" que não fosse um espelho fiel do mundo, mas sim uma visão estética do artista sobre a realidade, procurando atingir o difícil meio-termo entre ficção e realidade, isto é, entre o exagero

6. *Idem*, p. 25.

20 ◆ Saramago – Um Roteiro para os Romances

documental do final do século passado e os excessos fanta-
siosos, por exemplo, do Surrealismo[7].

É possível, sem grandes esforços, notar que muitos dos
procedimentos inovadores de Cortázar, Llosa e Márquez estão na obra de Saramago a partir de *Memorial do Convento*
e, ainda que não tenha havido influências mútuas, cabe-nos
colocar esses escritores juntos no mesmo processo de renovação artística. Para que essa ideia fique mais clara, vejamos
o que diz Davi Arrigucci Jr. sobre as novidades da narrativa
hispano-americana a partir da década de 1940 (percebere-
mos durante este estudo que muitas destas características estarão nos seis romances aqui analisados):

> As principais facetas da renovação técnica se manifestam na pro-
> funda mudança do ponto de vista, na desintegração do tempo crono-
> lógico (muitas vezes acompanhadas de uma nova organização espa-
> cial), na dissolução da categoria da causalidade como princípio lógico
> de construção do enredo e na ameaça, às vezes efetivada, de fragmen-
> tação da personagem. Todos esses aspectos, centrais às poéticas con-
> temporâneas da narrativa, representam uma quebra da "ilusão" realista,
> construída a partir da posição privilegiada da consciência individual,
> cuja ordenação do mundo, feita, desde o Renascimento, segundo as
> categorias do senso comum e da realidade empírica, assume a apa-
> rência de absoluto. Os novos procedimentos não só desmascaram essa
> visão aparente da realidade, mas também transformam o relativismo
> no próprio princípio de construção artística[8].

*Memorial do Convento* inaugura, de fato, a aproximação de
Saramago ao Realismo Fantástico e, a partir daí, seus demais

---

7. Odil José de Oliveira Filho, *Carnaval no Convento: Intertextualidade e Paródia em José Saramago*, São Paulo, Editora Unesp, 1993, pp. 85-97.
8. Davi Arrigucci Jr., *O Escorpião Encalacrado: A Poética da Destruição em Julio Cortázar*, São Paulo, Companhia das Letras, 1995, p. 118.

romances consubstanciam essa aproximação. Basta lembrar que *Memorial do Convento* narra a construção de um convento no século XVIII na cidadezinha de Mafra, permeada pelo sonho de um padre que pretendia alcançar os ares com uma máquina de voar chamada passarola; O *Ano da Morte de Ricardo Reis* fala do encontro entre o fantasma de Fernando Pessoa e seu heterônimo Ricardo Reis na Lisboa de 1936; *A Jangada de Pedra* conta o "rachamento" dos Pirineus, com a Península Ibérica soltando-se da Europa e navegando à deriva pelo Oceano Atlântico; *História do Cerco de Lisboa* descreve a história de amor de um revisor de textos, que de repente começa a intervir no processo de ocupação árabe em Portugal no século XII; O *Evangelho Segundo Jesus Cristo* refaz a vida de Jesus, acrescida porém de fatos que tornam Deus um grande vilão; *Ensaio sobre a Cegueira* imagina uma onda de cegueira branca que se espalha por toda uma cidade. Parece inegável, portanto, que Saramago está em vários aspectos vinculado ao Realismo Fantástico, pois suas propostas literárias nos seis romances selecionados semelham o ideário do grupo latino-americano encabeçado por Cortázar, Llosa e Márquez. É o que tentaremos mostrar nos próximos capítulos.

# 2

## *Memorial do Convento:*
## O Voo das Vontades Humanas

A cerca de quarenta quilômetros de Lisboa, na região montanhosa de Sintra e Pêro Pinheiro, há em Portugal uma pequena cidade chamada Mafra. Não fosse o desejo megalomaníaco do rei D. João V (1689-1750), e Mafra provavelmente estaria fadada ao esquecimento geográfico.

Acontece que este rei mandou erguer neste lugar um grandioso convento franciscano, em cumprimento de um voto feito à Virgem para obter sucessão régia. Como o século XVIII marcou na História portuguesa uma época de imensa prosperidade econômica, em muito favorecida pelos altos impostos cobrados pela Coroa sobre o ouro brasileiro das Minas Gerais, D. João resolveu dedicar seu reinado à construção desse imenso mosteiro para trezentos frades, contíguo a um palácio real e a uma basílica (imitação, em tamanho menor e toda em mármore, da Basílica de São Pedro do Vaticano).

O lançamento da primeira pedra deu-se em 17 de novembro de 1717, e a sagração da basílica e do convento ocorreu em 22 de outubro de 1730, um domingo, data do aniversário de 41 anos do rei. A obra, neste ano, chegou a reunir quarenta e cinco mil operários trabalhando continuamente, além de sete mil soldados exigindo rapidez na empreitada. O término da construção, entretanto, só aconteceu no reinado de D. José (1714-1777), que assume o trono em 1750, com a morte de D. João.

O palácio-mosteiro de Mafra é uma enorme massa de pedra, cuja fachada, voltada para o poente, possui 232 m de comprimento e é limitada lateralmente por dois torreões que iniciam as fachadas norte e sul, cada uma com 209 m de extensão. Ao todo, são 37 790 metros quadrados. O edifício tem 880 salas e quartos, trezentas celas, 4 500 portas e janelas, 154 escadarias e 29 pátios; os sinos da basílica pesam juntos 217 toneladas; a biblioteca conta com mais de quarenta mil volumes e possui um corredor central de mais de 80 m. Esses números falam por si e dão sinais da grandiosidade do convento. O que mais assusta é que essa massa de pedra foi erguida em apenas treze anos[1].

José Saramago conhecia a história oficial do convento, como quase todo português. Entre 1980 e 1982, ele esteve várias vezes em Mafra, pesquisando e imaginando os tantos anônimos que contribuíram para a magnânima obra. Nascia o *Memorial do Convento*.

Os motivos que levaram Saramago a recontar a construção do edifício, desmistificando a história oficial, lembram o célebre poema, "Perguntas de um Trabalhador que Lê", de Bertold Brecht. Eis um trecho dele:

---

1.  Luís Filipe Marques da Gama, *Mafra – Palácio Nacional*, Instituto Português do Patrimônio Cultural, 1994.

Quem construiu Tebas de sete portas?
Constam nos livros os nomes dos reis;
terão os reis arrastado os blocos de pedra?
E a Babilônia, tantas vezes arrasada
– quem, tantas vezes, a reconstruiu?
Em que edifícios da dourada Lima os construtores moravam?
[...]
O jovem Alexandre conquistou a Índia
sozinho? César, vencendo os gauleses,
não levaria consigo ao menos um cozinheiro? [...]

A cada página, um grande feito.
Quem cozinhava o banquete?
De dez em dez anos, um grande homem.
Quem pagava as despesas?

Tantos relatos,
quantas perguntas[2].

Parece que Saramago escreve *Memorial do Convento* para tentar responder a essas perguntas, colocando em xeque as atitudes arbitrárias de D. João V, que não poupou esforços para levar adiante seu sonho de pedra, ainda que para isso tenha tido de valer-se do trabalho forçado de tantos operários portugueses sem nome. O escritor se coloca ao lado desses trabalhadores, procurando para eles um espaço na História, como se percebe num dos trechos mais célebres do romance, no momento em que uma multidão é obrigada a carregar um bloco inteiriço de pedra, com mais de trinta toneladas, por quase vinte quilômetros, por causa de um capricho do arquiteto, que queria uma só pedra para a varanda do pórtico da basílica:

2. Bertold Brecht, *Poemas e Canções*, trad. Geir Campos, Rio de Janeiro, Civilização Brasileira, 1966, p. 75.

26 ♦ Saramago – Um Roteiro para os Romances

[...] tudo quanto é nome de homem vai aqui, tudo quanto é vida também, sobretudo se atribulada, principalmente se miserável, já que não podemos falar-lhes das vidas, por tantas serem, ao menos deixemos os nomes escritos, é essa a nossa obrigação, só para isso escrevemos, torná-los imortais, pois aí ficam, se de nós depende, Alcino, Brás, Cristóvão, Daniel, Egas, Firmino, Geraldo, Horácio, Isidro, Juvino, Luís, Marcolino, Nicanor, Onofre, Paulo, Quitério, Rufino, Sebastião, Tadeu, Ubaldo, Valério, Xavier, Zacarias, uma letra de cada um para ficarem todos representados, porventura nem todos estes nomes serão os próprios do tempo e do lugar, menos ainda da gente, mas, enquanto não se acabar quem trabalhe, não se acabarão os trabalhos, e alguns destes estarão no futuro de alguns daqueles, à espera de quem vier a ter o nome e a profissão[3] (p. 242).

O objetivo do romance é, pois, imortalizar os operários (o que acaba tendo inegavelmente uma conotação sociopolítica), utilizando-os para humanizar a história dos palácios, reis e monumentos. É como se o dever do romancista fosse representar com dignidade essa multidão de miseráveis, dando-lhes a voz que eles não tiveram no século XVIII.

Neste trecho, é possível começar a apreender a orientação ideológica presente nos romances de Saramago, sobretudo por causa da passagem "enquanto não se acabar quem trabalhe, não se acabarão os trabalhos", que estabelece uma curiosa relação de causa e efeito entre os operários submissos ("quem trabalhe") e a exploração ("os trabalhos"). O normal seria pensar que os trabalhos são a causa de haver trabalhadores, mas o narrador promove uma inversão, de maneira que enquanto houver disposição para a explora-

---

3. José Saramago, *Memorial do Convento*, Rio de Janeiro, Bertrand Brasil, 1995. Todas as vezes em que for transcrito um trecho de um dos romances de Saramago, manter-se-á a ortografia portuguesa vigente na época, como era desejo do autor.

ção haverá quem explore. Saramago parece estar, portanto, aproximando-se do ideário marxista, tanto quando valoriza a força de trabalho, como quando alude a uma possível revolta dos trabalhadores.

*Memorial do Convento* é então uma história dentro da História, em que são criadas quatro personagens inesquecíveis para enfrentar o oficialismo dos relatos tradicionais. São elas: o padre e aprendiz de alquimia Bartolomeu Lourenço de Gusmão, a feiticeira Blimunda de Jesus, o soldado maneta Baltasar Mateus, marido de Blimunda, e o compositor italiano Domenico Scarlatti, que, num dado momento, consegue curar, por meio da música, uma misteriosa doença de Blimunda. O primeiro e o último existiram de fato, e no romance os quatro se juntam para construir uma máquina de voar chamada passarola, projeto do padre Bartolomeu Lourenço (a ideia da passarola é histórica: o padre, em vida, sempre quis fazê-la voar, mas nunca conseguiu).

Pode-se dizer que *Memorial do Convento* divide-se em três partes: a primeira fala do desejo do rei em ter um filho, da promessa do convento aos franciscanos e do começo das obras em Mafra; a segunda trata da construção da passarola e do seu voo incrível no céu de Lisboa; a terceira é a intersecção das duas primeiras, mostrando o momento em que o casal Blimunda e Baltasar passa a viver em Mafra.

O romance se inicia com a descrição deliciosa, porque sarcástica, da corte de D. João V e sua esposa, D. Maria Ana Josefa, no início do século XVIII. A rainha, descendente da família real austríaca, tinha chegado a Portugal por volta de 1710, mas ainda não tinha engravidado. Chegou-se a cogitar que ela era estéril, e o rei, motivado por uma sugestão do frei António de S. José (que poderia ter

28 ♦ Saramago – Um Roteiro para os Romances

tido contato com o confessor de D. Maria Ana), promete erguer um convento em Mafra, se houver sucessão. A rainha consegue engravidar: promessa é dívida. Vejamos o texto de Saramago:

> Agora não se vá dizer que, por segredos de confissão divulgados, souberam os arrábidos que a rainha estava grávida antes mesmo que ela o participasse ao rei. Agora não se vá dizer que D. Maria Ana, por ser tão piedosa senhora, concordou calar-se o tempo bastante para aparecer com o chamariz da promessa o escolhido e virtuoso frei António. Agora não se vá dizer que el-rei contará as luas que decorrerem desde a noite do voto ao dia em que nascer o infante, e as achará completas. Não se diga mais do que ficou dito.
>
> Saiam então absolvidos os franciscanos desta suspeita, se nunca se acharam noutras igualmente duvidosas (p. 26).

As preterições do primeiro parágrafo e a ironia presente no último período do fragmento transcrito são um dos índices da destruição da História oficial promovida por Saramago: não se poupa nem o rei, nem a rainha, nem o clero. Nasce a infanta D. Maria Bárbara, e D. João resolve exercitar seu poder: queria um edifício em Mafra que fosse do tamanho da Basílica de São Pedro. Aliás, D. João gosta, no romance, de brincar de montar uma réplica em miniatura da basílica do Vaticano. Esse infantilizado rei frustra-se quando o informam de que uma obra desse porte demoraria mais de um século para ficar pronta e, como vaidade real não parece ser pecado, resolve mandar erguer um convento para trezentos frades, ao lado de uma basílica e de um palácio, que assim ele mesmo inauguraria a construção.

*Memorial do Convento*: o Voo das Vontades Humanas ♦ 29

A segunda parte do romance centra-se na passarola, que seria o contraponto fantástico ao poder inefável da engenharia civil portuguesa no século XVIII. O sonho de voar é o revés da arbitrariedade do absolutismo de D. João V.

Baltasar, Blimunda, Scarlatti e o padre Bartolomeu são os sonhadores que se unem nesse desejo de chegar aos céus. Baltasar, apesar de maneta, é quem de fato constrói a passarola. Blimunda é incumbida de captar as nuvens fechadas das pessoas: trata-se das vontades humanas, que ela enxergava dentro do peito de qualquer um e reunia em frascos nos quais caberiam duas mil vontades. Scarlatti cuidava de tocar seu cravo, enquanto os outros dois trabalhavam para dar forma à máquina voadora, cujo projeto coube à imaginação do padre Bartolomeu.

O padre julgava que o combustível da passarola seria o éter, substância "perfeita" que mantinha as estrelas no céu. O éter, segundo seus estudos de alquimia, era produto da sublimação das vontades humanas. Blimunda, depois de conseguir o número suficiente de nuvens fechadas, deveria colocá-las dentro de duas grandes bolas de âmbar, que fariam a máquina voar. A ideia era engenhosa: o sol aqueceria o éter, que atrairia o âmbar, que atrairia o ímã, que atrairia o ferro, que estaria preso à base da passarola, feita de vime.

Num dia em que o padre estava fugindo do Santo Ofício, ele apareceu em São Sebastião da Pedreira, onde estavam Blimunda e Baltasar. Desesperado, ele resolve dar asas às vontades humanas e realizar seu velho sonho de voar. A passarola sobe aos ares, para delírio daqueles três argonautas dos céus. Ao entardecer, aterrissam, com certas dificuldades, num lugar chamado Monte Junto. O padre estava transtornado: no meio da noite ele fugiu, e os três aventureiros não mais se reencontraram. Scarlatti não pôde participar da expedição, mas de Lisboa acompanhou a façanha dos amigos ante o ar atônito do povo, que julgou que a passarola era a figurativização do Espírito Santo. Algum tempo depois, é o músico quem dá, ao casal Blimunda e Baltasar, a notícia da provável loucura e da morte de Bartolomeu Lourenço.

A terceira parte de *Memorial do Convento* intersecciona as duas primeiras histórias, quando Sete-Luas e Sete-Sóis – esses eram respectivamente os apelidos de Blimunda, que enxergava às escuras, e Baltasar, que enxergava às claras – vão em definitivo morar em Mafra na casa da família de Baltasar. O soldado chega até mesmo a trabalhar nas obras do convento. Neste momento do romance, ficam ainda mais evidentes todos os exageros cometidos por D. João V para levar adiante suas ideias megalomaníacas, principalmente no trecho em que Saramago descreve o esforço necessário para carregar aquela tal pedra de mais de trinta toneladas.

De tempos em tempos, Baltasar ia até o Monte Junto para fazer a manutenção da passarola. Certa vez, por um descuido, ele deixou que as bolas de âmbar, que estavam cobertas, recebessem em cheio a luz solar, de modo que a máquina saiu desgovernada num voo em alta velocidade. Blimunda fica totalmente perturbada quando vai ao Monte Junto e não encontra a passarola, abandonando então Mafra e partindo numa louca peregrinação atrás do marido. A busca dura nove anos. Os amantes se reencontram em Lisboa, num auto de fé da Inquisição (vale lembrar que os dois se conheceram justamente numa dessas cerimônias):

São onze os supliciados. A queima já vai adiantada, os rostos mal se distinguem. Naquele extremo arde um homem a quem falta a mão

*Memorial do Convento*: o Voo das Vontades Humanas  ◆  31

esquerda. Talvez por ter a barba enegrecida, prodígio cosmético da fuligem, parece mais novo. E uma nuvem fechada está no centro de seu corpo. Então Blimunda disse, Vem. Desprendeu-se a vontade de Baltasar Sete-Sóis, mas não subiu para as estrelas, se à terra pertencia e a Blimunda (p. 357).

A Inquisição, que tinha estado por trás de quase todos os acontecimentos, passa neste trecho para o primeiro plano, findando a busca de Blimunda. Esta, por sua vez, não aceita a morte de Baltasar, obrigando-lhe a vontade a permanecer com ela. Saramago, para representar a perenidade do amor dos dois, vale-se de uma imagem bastante atípica, a da terra, lugar em que devem ficar para sempre as vontades humanas.

Já foi possível perceber que *Memorial do Convento*, no seu projeto de desmistificar a História oficial, cria uma história popular, mais atraente, mais sincera e mais humana. Enquanto a construção do convento de Mafra reitera os descasos do absolutismo, o voo da passarola é uma nesga de esperança de uma sociedade movida, literalmente, a vontades humanas.

Essa oposição entre as duas histórias pode também ser comprovada pelos casais que as representam: a oficial mostra um casamento, arranjado politicamente, que respeita aparentemente os preceitos do Cristianismo, mas que não traz nenhum sinal de afeto entre o rei D. João e a rainha D. Maria Ana, uma vez que ele mantém casos extraconjugais e ela tem insistentes sonhos adúlteros com o príncipe D. Fernando, seu cunhado; já a popular apresenta um amor incrível, à primeira vista, entre Blimunda e Baltasar, abençoado por um padre que se converteu ao Judaísmo e marcado por uma intimidade em desacordo com a moral conservadora da época. Quando Blimunda está a procurar pelo marido, fica mais clara a força da espontaneidade dos sentimentos entre eles: o desejo da feiticeira em encontrar Baltasar é tão grande que causa inveja às mulheres, que não têm ninguém para procurar com tanta determinação, e aos homens, que não têm ninguém para ir procurá-los com tanto afinco.

Existe uma passagem do livro em que uma personagem chamada Manuel Milho assume o comando do relato para contar uma história fabulosa do amor proibido entre uma rainha e um ermitão. Esta passagem dialoga com o nosso casal do povo. Ei-la:

> O ermitão deixou de ser ermitão, a rainha deixou de ser rainha, mas não se averiguou se o ermitão chegou a fazer-se homem e se a rainha chegou a fazer-se mulher, eu por mim acho que não foram capazes, senão tinha-se dado por isso, quando uma coisa dessas um dia acontecer não passará sem dar um grande sinal (pp. 263-264).

Parece que isso aconteceu. Será que a passarola foi um grande sinal? Será que o próprio romance foi um grande sinal? Provavelmente sim. A passarola, movida a vontades humanas, é um sonho de leveza, de liberdade e de autenticidade nos relacionamentos amorosos. A pedra de mais de trinta toneladas é o inverso: representa um pesadelo de arbitrariedades, de mandonismo e de excesso de vaidade. A passarola voa para a vida, enquanto a pedra (metonímia do convento inteiro) simboliza a morte. Eis a história oficial, dos livros didáticos, ao lado da história popular, das lembranças coletivas: Saramago mostrou aos leitores as duas, resta-lhes fazer a escolha.

A esta altura, podemos perceber que um dos pilares de sustentação do romance é a carnavalização, complexo conceito histórico-literário desenvolvido por Mikhail Bakhtin, que pode ser entendido, *grosso modo*, como uma grande inversão de papéis. Com efeito, no *Memorial do Convento*, os anônimos portugueses tomam o lugar dos reis como protagonistas da história: as ironias, a paródia, a intertextualidade, a polifonia são as marcas textuais desse discurso carnavalizado que impregna o romance, que por sua vez trabalha com a dessacralização do oficialismo histórico. Para Bakhtin, a visão de mundo carnavalesca baseia-se

[...] conscientemente na experiência (se bem que ainda insuficientemente madura) e na fantasia livre; na maioria dos casos seu tratamento da lenda é profundamente crítico [...]. Aqui, por conseguinte, surge pela primeira vez uma imagem quase liberta da lenda, uma imagem baseada na experiência e na fantasia livre. Trata-se de uma verdadeira reviravolta na história da imagem literária[4].

Portanto o romance, ao incorporar essa fantasia livre (que se identifica com o maravilhoso[5] clássico) às tentativas de desmistificação da história, pode ser inserido na cosmovisão carnavalesca, como, aliás, acontece com muitas das obras do Realismo Fantástico.

Para finalizar, vejamos as palavras de Odil José de Oliveira Filho, a respeito do romance:

4.  Mikhail Bakhtin, *Problemas da Poética de Dostoiévski*, trad. Paulo Bezerra, Rio de Janeiro, Forense Universitária, 1997, p. 108. Mais algumas informações sobre o discurso carnavalesco estão no capítulo 8.
5.  Segundo Segismundo Spina (*Introdução à Poética Clássica*, São Paulo, Martins Fontes, 1995, p. 135), "[...] tudo que se opera de forma estranha, imprevista, patética, surpreendente, seja ela a intervenção de personagens divinas ou a realização de um fato que ultrapasse as forças naturais de um homem, ou ainda qualquer sucesso que exorbite as leis da natureza, é do domínio do maravilhoso".

[*Memorial do Convento*] pode, sem hesitação, ser visto como uma notável crônica do real maravilhoso. Nele, não se pretende ficcionalizar a História [...], mas, efetivamente, inventar (melhor seria dizer reinventar) a vida portuguesa, expressando em sua riqueza e vitalidade interna a riqueza e vitalidade de todo um povo.

Memorial do tempo de D. João V, do Padre Bartolomeu e sua passarola, o texto de Saramago é um memorial também do tempo dos Baltasares e Blimundas, do Portugal anônimo e clandestino, silenciado na História oficial e recalcado na visão nacionalista, mas recuperado quando, contestando-as, Saramago o transforma em matéria de sua crônica; crônica de um real que, mesmo muitas vezes trágico, por ser humano é maravilhoso[6].

---

6. Odil José de Oliveira Filho, *op. cit.*, p. 97.

# 3

# O *Ano da Morte de Ricardo Reis:*
# O Espetáculo do Mundo[1]

Numa célebre carta a Adolfo Casais Monteiro[2], datada de 1935, Fernando Pessoa procura explicar a gênese de sua criação heteronímica. De todos os poetas que inventou, ele afirma que três são os que realmente merecem atenção: Alberto Caeiro, Ricardo Reis e Álvaro de Campos.

Reis e Caeiro surgiram praticamente ao mesmo tempo, do desejo de Pessoa em inventar um poeta pagão. Campos é posterior aos dois primeiros. Depois de escrever alguns poemas, cada um com um certo estilo (Caeiro, bucólico; Reis, clássico; Campos, torrencial), e assiná-los com o nome imaginado, Pessoa tratou de criar-lhes uma biografia e uma personalidade: deu aos seus heterônimos formação escolar e acadêmica, mapa astral, data de nascimento, tipo físico e

---

1. Uma das epígrafes do romance em questão é o primeiro verso de uma das odes mais conhecidas do heterônimo Ricardo Reis, em que se diz: "Sábio é o que se contenta com o espetáculo do mundo".
2. Fernando Pessoa, *Obra em Prosa*, Rio de Janeiro, Nova Aguilar, 1990, pp. 93-99.

vários traços de caráter, passando a falar dos três como se eles de fato existissem.

Nessa mesma carta, ele diz:

Ricardo Reis nasceu em 1887 (não me lembro do dia e do mês, mas tenho-os algures), no Porto, é médico [...], de um vago moreno mate [...]. Educado num colégio de jesuítas, [...] vive no Brasil desde 1919, pois se expatriou espontaneamente por ser monárquico. É um latinista por educação alheia, e um semi-helenista por educação própria[3].

Ricardo Reis, segundo sua biografia imaginária, possui então apenas data de nascimento, assim como Álvaro de Campos. No entanto Pessoa esqueceu-se de "matar" a ambos (somente Caeiro tem data de falecimento). *O Ano da Morte de Ricardo Reis* se aproveita desse esquecimento para narrar o último ano da vida do médico latinista, como se ele realmente existisse e não fosse só mais uma máscara poética de Fernando Pessoa.

O romance então se concentra nos acontecimentos posteriores ao 30 de novembro de 1935, dia da morte de Pessoa, dando atenção especial ao clássico Reis.

*O Ano da Morte de Ricardo Reis* começa com uma descrição de um dia chuvoso em Lisboa. Um navio, vindo da América do Sul, atraca na capital portuguesa e dele desce um médico que volta à sua pátria, dezesseis anos após tê-la abandonado. A volta se justifica: um amigo seu, chamado Fernando Pessoa, morreu e o médico, cujo nome é Ricardo Reis, veio visitar-lhe túmulo.

Reis hospeda-se no Hotel Bragança, no quarto 201, de frente para o Tejo. Um dia, vai ao cemitério e sente remorso

3. *Idem*, pp. 97-98.

por ter ficado tanto tempo longe do amigo. Certa noite, ao voltar para o hotel, depois de um passeio noturno, percebe uma luz acesa dentro do seu quarto. Ele entra e encontra o "fantasma" de Pessoa.

[Ricardo Reis] reconheceu-o imediatamente apesar de não o ver há tantos anos, e não pensou que fosse acontecimento irregular estar ali à sua espera Fernando Pessoa, disse Olá, embora duvidasse de que ele lhe responderia, nem sempre o absurdo respeita a lógica, mas o caso é que respondeu, disse Viva, e estendeu-lhe a mão, depois abraçaram-se [...] Olham-se ambos com simpatia, vê-se que estão contentes por se terem reencontrado depois da longa ausência, e é Fernando Pessoa quem primeiro fala, Soube que me foi visitar, eu não estava, mas disseram-me quando cheguei, e Ricardo Reis respondeu assim, Pensei que estivesse, pensei que nunca de lá saísse, Por enquanto saio, ainda tenho uns oito meses para circular à vontade, explicou Fernando Pessoa, Oito meses porquê, perguntou Ricardo Reis, e Fernando Pessoa esclareceu a informação, Contas certas, no geral e em média, são nove meses, tantos quantos os que andámos na barriga das nossas mães, acho que é por uma questão de equilíbrio, antes de nascermos ainda não nos podem ver mas todos os dias pensam em nós, depois de morrermos deixam de poder ver-nos e todos os dias nos vão esquecendo um pouco, salvo casos excepcionais nove meses é quanto basta para o total olvido [...] Ricardo Reis tirou a carteira do bolso interior do casaco, extraiu dela um papel dobrado, fez menção de o entregar a Fernando Pessoa, mas este recusou com um gesto, disse, Já não sei ler, leia você [...][4] (pp. 79-80).

O lado fantástico desse diálogo é evidente: um fantasma conversando com um sujeito que nunca existiu. Porém a naturalidade das falas suaviza a fantasia, e o leitor aceita a verossimilhança dos encontros entre Reis e seu criador.

4.  José Saramago, *O Ano da Morte de Ricardo Reis*, São Paulo, Companhia das Letras, 1993.

É importante saber que, no universo fantasioso do romance, os mortos perdem a capacidade de ler; por isso, Pessoa faz a confissão: "Já não sei ler, leia você".

Neste momento da narrativa, já apareceram as duas personagens femininas que merecerão destaque: Lídia, uma arrumadeira do hotel, e Marcenda, uma outra hóspede do Bragança. O enredo de *O Ano da Morte de Ricardo Reis* se concentra então nos encontros entre Reis e Pessoa e nos casos amorosos do médico ora com Lídia, ora com Marcenda.

A fábula do livro se passa em oito meses: do final de dezembro de 1935 até agosto de 1936. Historicamente, este é um período delicado para a Europa. Trata-se de uma época imediatamente anterior à Segunda Grande Guerra, quando os regimes ultranacionalistas de direita, de inspiração nazifascista, ganhavam espaço no continente: na Alemanha, Hitler; na Itália, Mussolini; em Portugal, Salazar; e na Espanha, o General Franco estava prestes a dar um golpe de Estado para deter o avanço do ideário ligado ao bolchevismo pelo país. Aliás, o romance faz diversas referências às atividades dos comunistas em face dos avanços do nazifascismo: fala-se da Intentona Comunista no Brasil, por exemplo, além de o irmão de Lídia ser um esquerdista radical. A Guerra Civil Espanhola torna-se o principal o pano de fundo histórico para a ação das personagens. Mais uma vez, percebe-se o desejo de fundir ficção, representada na personificação do heterônimo pessoano, e realidade, mostrada principalmente por meio das notícias que chegavam a Portugal sobre o avanço dos regimes de direita na Europa. Mas, em vez de haver a preocupação de traçar um amplo perfil político europeu da década de 1930, há uma preferência por mostrar como a História age sobre os indivíduos e, pelas reações

O *Ano da Morte de Ricardo Reis*: o Espetáculo do Mundo ◆ 39

destes, demonstrar o poder daquela. Reis, Pessoa, Lídia e Marcenda não deixam de ser anônimos que são obrigados a contemplar "o espetáculo do mundo" e, descrevendo as atitudes desses quatro, o romance humaniza mais uma vez a História[5].

No transcorrer da narrativa, o lado fantástico das conversas entre Reis e Pessoa mantém-se natural, e o leitor acostuma-se a isso. Apenas no final do romance, o plano da fantasia volta a causar surpresas. Vejamos. Após oito meses de encontros por Lisboa (aliás, O *Ano da Morte de Ricardo Reis* é um painel riquíssimo da cidade), Pessoa aparece para se despedir do amigo médico. Reis estava esperando Lídia, para consolá-la pela morte de seu irmão, envolvido em lutas de defesa do comunismo. Neste instante, o narrador surpreende:

> Então bateram à porta. Ricardo Reis correu, foi abrir, já prontos os braços para recolher a lacrimosa mulher, afinal era Fernando Pessoa, Ah, é você, Esperava outra pessoa, Se sabe o que aconteceu, deve calcular que sim, creio ter-lhe dito um dia que a Lídia tinha um irmão na Marinha, Morreu, Morreu. [...] [Fernando Pessoa] disse, Vim cá para lhe dizer que não tornaremos a ver-nos, Porquê, O meu tempo chegou ao fim, lembra-se de eu lhe ter dito que só tinha para uns me-

5. O fato de Saramago escolher Ricardo Reis para ser o protagonista do seu romance não é casual. Fernando Pessoa sempre se mostrou indiferente aos acontecimentos sociais portugueses e Ricardo Reis era a consolidação dessa indiferença. Quando O *Ano da Morte de Ricardo Reis* coloca o médico no turbilhão sociopolítico de 1936, Saramago procura resolver essa questão da alienação de Pessoa e, em especial, de Reis. Essas ideias são defendidas por Álvaro Cardoso Gomes (*A Voz Itinerante: Ensaio sobre o Romance Português Contemporâneo*, São Paulo, Edusp, 1993, pp. 39-40), que afirma: "[...] o romance trabalha com contrastes: ao aristocrático e até certo ponto desocupado Ricardo Reis, José Saramago opõe um país em convulsão, sob a ditadura de Salazar, que reflete as grandes convulsões europeias de então. [...] Ao cabo, o romance parece ser um libelo contra a indiferença, e uma valoração do comprometimento do homem [...]".

40 ◆ Saramago – Um Roteiro para os Romances

ses, Lembro-me, Pois é isso, acabaram-se. Ricardo Reis subiu o nó da gravata, levantou-se, vestiu o casaco. Foi à mesa-de-cabeceira buscar The god of the labyrinth, meteu-o debaixo do braço, Então vamos, disse, Para onde é que você vai, Vou consigo. [...] E esse livro, para que é, Apesar do tempo que tive, não cheguei a acabar de lê-lo, Não irá ter tempo, Terei o tempo todo, Engana-se, a leitura é a primeira virtude que se perde, lembra-se. Ricardo Reis abriu o livro, viu uns sinais incompreensíveis, uns riscos pretos, uma página suja, Já me custa ler, disse [...] Estavam no passeio do jardim, olhavam as luzes pálidas do rio, a sombra ameaçadora dos montes. Então vamos, disse Fernando Pessoa, Vamos, disse Ricardo Reis (pp. 414-415).

O final do texto funde Pessoa e Reis pela morte (representada na incapacidade de ler), brincando com a ideia de que o médico nunca existiu: é como se Saramago estivesse voltando à realidade, após mais um passeio pelo "real maravilhoso". Podemos dizer também que essa fusão artística entre "criador" e "criatura" semelha a comunhão amorosa de Baltasar e Blimunda no final do *Memorial do Convento*, sendo que nos dois casos a morte se une à vida, ou se separa dela, numa perspectiva francamente terrena.

Nesses últimos oito meses de vida, Reis se envolveu com duas mulheres: Lídia representa o desejo físico, a sensualidade, o prazer carnal, enquanto Marcenda representa o amor espiritualizado e idealizado. Lídia, como foi dito, é arrumadeira do Hotel Bragança. Ela é pobre e sua situação social a impede de querer uma relação mais séria com o médico, até porque o doutor Reis só a vê como uma amante casual. Ela chega a engravidar, mas ele não se sensibiliza, não se mostra afetuoso e sugere nas entrelinhas um aborto. O fato de a amante do protagonista chamar-se Lídia possui evidente-

*O Ano da Morte de Ricardo Reis*: o Espetáculo do Mundo ◆ 41

mente contornos irônicos. Lídia é o nome de uma das musas de Horácio, poeta romano do século I a.c., e Ricardo Reis, influenciado pelo mestre latino, dedica, na obra poética que lhe atribui Pessoa, vários poemas a essa musa. É o caso destes fragmentos de odes:

> Vem sentar-te comigo, Lídia, à beira do rio.
> Sossegadamente fitemos o seu curso e aprendamos
> Que a vida passa, e não estamos de mãos enlaçadas.
> (Enlacemos as mãos.)[6]
>
> Quando, Lídia, vier o nosso outono
> Com o inverno que há nele, reservemos
> Um pensamento, não para a futura
> Primavera, que é de outrem,
> Nem para o estio, de quem somos mortos,
> Senão para o que fica do que passa [...][7]

Para quem imaginava Lídia uma musa clássica, encarnação da perfeição divina, aparecer no romance uma arrumadeira com esse nome é, no mínimo, curioso. Por diversas vezes, Fernando Pessoa satiriza o amigo por causa dessa coincidência.

Agora, se o caso com Lídia é um sarcasmo do destino, a relação com Marcenda é bem diferente: ela tinha a mão esquerda paralisada (daí seu nome, que deriva do verbo latino *marcere*, que significa "estar murcho") e, todos os meses, vinha de Coimbra para visitar seus médicos em Lisboa e sempre se hospedava no Hotel Bragança. Reis apaixona-se por ela, perde o sono e escreve-lhe cartas. A responsabilidade

---

6. Fernando Pessoa, *Obra Poética*, Rio de Janeiro, Nova Aguilar, 1994, p. 256.
7. *Idem*, p. 283.

## 42 • Saramago – Um Roteiro para os Romances

afetiva que existia com Lídia aparece na relação com Marcenda. Há um momento em que o narrador faz referência a uma ode que Reis teria escrito à sua amada:

> Saudoso já deste verão que vejo,
> Lágrimas para as flores dele emprego
>   Na lembrança invertida
>   De quando hei de perdê-las.
> Transpostos os portais irreparáveis
> De cada ano, me antecipo a sombra
>   Em que hei de errar, sem flores,
>   No abismo rumoroso.
> E colho a rosa porque a sorte manda.
> Marcenda, guardo-a; murche-se comigo
>   Antes que com a curva
>   Diurna da ampla terra[8].

Na ode original, "Marcenda" seria um predicativo do objeto, e o décimo verso significaria que o eu lírico guarda a rosa *marcenda*, isto é, sabendo que ela vai inexoravelmente murchar. Saramago transforma esse predicativo do objeto em vocativo (aproveitando-se do imperativo "murche-se", que adquire valor reflexivo, referindo-se à personagem), e o verso passa a significar: "Marcenda, eu guardo a rosa, murche-se comigo [...]". É inegavelmente criativa essa possibilidade de reestruturação sintática da ode de Reis.

Vale ainda apontar que, durante todo o romance, são feitas brincadeiras intertextuais com a obra de Reis e Pessoa:

> Sorrindo [Ricardo Reis] vai buscar à gaveta os seus poemas, as suas odes sáficas, lê alguns versos apanhados no passar das folhas, E

8. *Idem*, p. 292.

assim, Lídia, à lareira, como estando, Tal seja, Lídia, o quadro, Não desejemos, Lídia, nesta hora, Quando, Lídia, vier o nosso outono,Vem sentar-te comigo, Lídia, à beira-rio, Lídia, a vida mais vil antes que a morte [...] (p. 48).

[Ricardo Reis disse] Você disse que o *poeta é um fingidor,* Eu confesso, são adivinhações que nos saem pela boca sem que saibamos que caminho andámos para lá chegar, o pior é que morri antes de ter percebido se é o poeta que se finge de homem ou o homem que se finge de poeta [...] (p. 118). [grifo nosso]

O grifo na segunda citação indica o primeiro verso do poema talvez mais conhecido de Fernando Pessoa, o célebre "Autopsicografia". Os outros heterônimos pessoanos, Caeiro (com o poema XX de "O Guardador de Rebanhos") e Campos (por meio do "Poema em Linha Reta"), estão também na narrativa:

[...] a coisa mais natural do mundo é chegar-se um homem à beira do cais, mesmo sendo noite, para ver os rios e os barcos, este Tejo que não corre pela minha aldeia, o Tejo que corre pela minha aldeia chama-se Douro, por isso, por não ter o mesmo nome, é que o Tejo não é mais belo que o rio que corre pela minha aldeia (p. 115).

[...] [Ricardo Reis] ficou a olhar para ela por um segundo só, não aguentou mais do que um segundo, virou costas, há momentos em que seria bem melhor morrer, Eu, que tenho sido cômico às criadas de hotel, também tu, Álvaro de Campos, todos nós (pp. 97-98).

Grandes autores da Literatura universal, como Dante (com o primeiro verso da *Divina Comédia*), Bernardim Ribeiro (com as primeiras palavras de *Menina e Moça*), Cervantes (com o início de *Dom Quixote*), Camões (com o primeiro verso d'*Os Lusíadas*) e Virgílio (com o verso da

*Eneida* que serviu de inspiração a Camões), também aparecem no discurso do narrador em citações intertextuais:

[...] e no entanto este também é poeta, não que do título se gabe, como se pode verificar no registro do hotel, mas um dia não será como médico que pensarão nele, nem em Álvaro como engenheiro naval, nem em Fernando como correspondente de línguas estrangeiras, dá-nos o ofício o pão, é verdade, porém não virá daí a fama, sim de ter alguma vez escrito, Nel mezzo del camin di nostra vita, ou, Menina e moça me levaram da casa de meus pais, ou, En un lugar de la Mancha, de cuyo nombre no quiero acordarme, para não cair uma vez mais na tentação de repetir, ainda que muito a propósito, As armas e os barões assinalados, perdoadas nos sejam as repetições, Arma uirumque cano (p. 71).

Luís de Camões, como se percebe neste último excerto, é renitentemente lembrado no romance. Isso não é surpresa, por ser ele um dos maiores poetas do mundo ocidental. O problema é que Fernando Pessoa nunca reconheceu plenamente em vida o talento literário do autor d'*Os Lusíadas*, tanto é assim que no *Mensagem* (1934), livro de poemas em que Pessoa fala de todos os grandes heróis portugueses, ele não dedicou um único verso explicitamente a Camões. O *Ano da Morte de Ricardo Reis* "brinca" com este fato:

Tivesse Ricardo Reis saído nessa noite e encontraria Fernando Pessoa na Praça de Luís de Camões, sentado num daqueles bancos como quem vem apanhar a brisa [...]. Quis Fernando Pessoa, na ocasião, recitar mentalmente aquele poema da Mensagem que está dedicado a Camões, e levou tempo a perceber que não há na Mensagem nenhum poema dedicado a Camões, parece impossível, só indo ver se

*O Ano da Morte de Ricardo Reis*: o Espetáculo do Mundo ◆ 45

acredita, de Ulisses a Sebastião não lhe escapou um, nem dos profetas se esqueceu, Bandarra e Vieira, e não teve uma palavrinha, uma só, para o Zarolho, e esta falta, omissão, ausência, fazem tremer as mãos de Fernando Pessoa, a consciência perguntou-lhe, Porquê, o inconsciente não sabe que resposta dar, então Luís de Camões sorri, a sua boca de bronze tem o sorriso inteligente de quem morreu há mais tempo, e diz, Foi inveja, meu querido Pessoa, mas deixe, não se atormente tanto, cá onde ambos estamos nada tem importância [...] (pp. 351-352).

Por fim, cumpre lembrar que O *Ano da Morte de Ricardo Reis* faz algumas referências a *Memorial do Convento*, num jogo intertextual que reforça as relações entre ficção e realidade estabelecidas por Saramago:

[...] são tudo coisas do céu, aviões, passarolas ou aparições. Não sabe por que lhe [a Ricardo Reis] veio à ideia a passarola do padre Bartolomeu de Gusmão, primeiro não soube, mas depois, tendo reflectido e procurado, admitiu que por sub-racional associação de ideias tivesse passado deste exercício de hoje para os bombardeamentos da Praia Vermelha e da Urca, deles, por tudo ser brasileiro, para o padre voador, finalmente chegando à passarola que o imortalizou, cuja não voou nunca, mesmo que alguém tenha dito ou venha a dizer o contrário (p. 339).

[...] este nome de Marcenda não o usam mulheres, são palavras doutro mundo, doutro lugar, femininos mas de raça gerúndia, como Blimunda, por exemplo, que é nome à espera de mulher que o use, para Marcenda, ao menos, já se encontrou, mas vive longe (pp. 352-353).

Marcenda, Blimunda, o padre voador, Ricardo Reis, todos eles são, enfim, grandes criações ficcionais, mas que, justamente por encontrarem vida dentro da História, são o instrumento usado por Saramago para humanizá-la. Eis aqui, mais uma vez, o real maravilhoso.

# 4

## *A Jangada de Pedra:*
## Navegar é Preciso, Viver...

Em 1996, José Saramago esteve no Brasil para receber das mãos do então Presidente da República, Fernando Henrique Cardoso, o prêmio literário mais cobiçado da Língua Portuguesa: o Luís de Camões.

Nessa visita ao país, ele proferiu uma concorrida conferência no auditório do Masp, intitulada "Portugal: Fim de Milênio, Princípio de Quê?", falando sobre os riscos que Portugal estaria correndo por aceitar passivamente as regras da globalização impostas pela União Europeia. A integração de Portugal ao bloco econômico, segundo o escritor, seria a forma em que se manifesta atualmente a "subalternidade estrutural" da sociedade lusitana.

Saramago criticou os idealistas e os pragmáticos, pois os primeiros seriam "messiânicos, para os quais é indiferente o que Portugal venha a ser, desde que seja" e os segundos "querem comprar a qualquer preço o *prêt-à-porter* europeu onde o corpo português deverá entrar à força".

Para comprovar o desprezo do europeu em relação a Portugal, Saramago contou que, na década de 1980, estava viajando de trem pelo velho continente quando encontrou alguns funcionários do então Mercado Comum Europeu (ancestral da UE). Todos começaram a conversar, em francês, até que perguntaram ao escritor qual era a sua nacionalidade e, como a viagem era longa, ele propôs um jogo de adivinhação. Saramago falou qual era o regime político português, a população, a extensão territorial, a religião predominante, a origem da língua, a topografia, tudo o que se podia falar sobre seu país, e ninguém conseguiu adivinhar nada. Nas suas palavras:

> Durante meia hora, fui italiano, húngaro, romeno, albanês, tudo quanto é possível ser na Europa, menos português. Percebi que aqueles homens não viam Portugal no mapa da Europa. Hoje, por obra da nossa adesão à UE, a Europa já sabe onde está Portugal, mas mantenho a dúvida de que saiba o que Portugal é.

Todas essas críticas foram feitas em 1996, mas exatamente dez anos antes Saramago publicava *A Jangada de Pedra*, libelo sobre o já antigo descaso europeu em face das nações ibéricas. Estávamos em 1986, ano em que Portugal e Espanha passavam a integrar o Mercado Comum Europeu.

Partindo de um presumível ditado anônimo português, segundo o qual "a Península Ibérica tem a forma duma jangada"[1], o romance descreve uma série de atos insólitos (ocorridos com desconhecidos), que precedem o clímax do romance, estranhamente colocado no início da narrativa, a

---

1. Essa frase está transcrita na quarta capa da edição portuguesa de *A Jangada de Pedra*.

saber, o rachamento dos Pirineus, com a Espanha se separando da França e a Península Ibérica, como uma jangada de pedra, a navegar desgovernada pelo Oceano Atlântico.

A ideia de, literalmente, excluir Portugal e Espanha da Europa tem uma evidente carga política, o que reforça as teses de quem se posicionava contra a UE, como foi o caso do próprio Saramago. Assim, *A Jangada de Pedra*, bem como os dois romances já analisados, aproveita-se do discurso fantástico para recrudescer sua perspectiva crítica, com o objetivo não de dessacralizar a história oficial, mas sim de proceder a uma espécie de profecia que, levando em conta certos antecedentes históricos, apresentasse uma alegoria pessimista de um futuro previsível.

Previsível porque a Península Ibérica, e principalmente Portugal, sempre esteve à margem do desenvolvimento econômico da Europa central, ocupando uma posição de submissão quase completa em relação ao resto rico do continente. O preconceito sempre esteve presente no trato com portugueses e espanhóis, como se ficasse subentendido que a "Europa" só começava após os Pirineus (e acabava na cortina de ferro, é claro). O romance rompe com esse preconceito, criticando violentamente o fato de os europeus preferirem que a Península Ibérica não tivesse nunca existido.

Logo que as primeiras rachaduras aparecem nos Pirineus, espalha-se um clima de mistério e preocupação na cabeça dos cientistas, que não conseguem explicar o estranho fenômeno. Mas os governos de Espanha e França imediatamente começam a pensar no potencial turístico que estas gigantescas fendas nas rochas poderiam causar, sem atentar para a gravidade do acontecimento. Quando se percebe que a coisa é realmente séria, pois a Península se desprendeu completamente do resto do continente, a Comunidade Econômica Europeia trata com indiferença esta questão, originando uma onda de revoltas de jovens que se solidarizam com o drama ibérico. Trata-se de um dos momentos mais sublimes do romance:

> Foi portanto uma dessas inconformes e desassossegadas pessoas que pela primeira vez ousou escrever as palavras escandalosas, sinal duma perversão evidente, Nous aussi, nous sommes ibériques, escreveu-as num recanto de parede, a medo, como quem, não podendo ainda proclamar seu desejo, não aguenta mais escondê-lo. [...] Esta declaração inauguradora alastrou rapidamente, apareceu na fachada dos grandes edifícios, nos frontões, no asfalto das ruas, nos corredores do metropolitano, nas pontes e viadutos, os europeus fiéis conservadores protestavam, Estes anarquistas são doidos, é sempre assim, leva-se tudo à conta de anarquismo.
>
> Mas a frase saltou as fronteiras, e depois de as ter saltado verificou-se que afinal já aparecera também nos outros países, em alemão Auch wir sind Ibersch, em inglês We are iberians too, em italiano Anche noi siamo iberici, e de repente foi como um rastilho, ardia por toda a parte em letras vermelhas, pretas, azuis, verdes, amarelas, violetas, um fogo que parecia inextinguível, em neerlandês e flamenco Wij zijn ook Iberiërs, em sueco Vi ocksa är iberiska, em finlandês Me myöskin olemme iberialaisia, em norueguês Vi ogsa er iberer, em dinamarquês Ogsaa vi er iberiske, em grego Eímaste íberoi ki emeís [...], em búlgaro Nie sachto sme iberiytzi, em húngaro Mi is ibérek vagyunk, em russo Mi toje iberitsi, em romeno Si noi sîntem iberici [...]. Mas o cúmulo, o auge, o acme, palavra rara que não voltaremos a usar, foi quando nos muros do Vaticano, pelas veneráveis paredes e colunas da basílica, no soco da Pietà de Miguel Ângelo, na cúpula, em enormes letras azul-celestes no chão da Praça de São Pedro, a mesmíssima frase apareceu em latim, Nos quoque iberi sumus [...][2] (pp. 153-154).

---

2.  José Saramago, *A Jangada de Pedra*, São Paulo, Companhia das Letras, 1994.

Essa passagem explicita uma oposição entre os ibéricos e os europeus, que na verdade representa a velha batalha entre os excluídos e as elites. O movimento de solidariedade aos excluídos (apesar de representar um certo espírito gregário do resto da Europa em relação a portugueses e espanhóis) não deixa de ser uma grande ironia, por meio da qual o romance satiriza os impulsos de justiça da juventude, que normalmente não passam de meros impulsos. Mas de qualquer modo essa onda de reivindicações incomoda a "ordem estabelecida". Saramago também trata dessas questões:

> Quando os ânimos tiverem serenado, daqui por dias e semanas, virão os psicólogos e os sociólogos demonstrar que, no fundo, aqueles jovens não queriam ser realmente ibéricos, o que faziam, aproveitando um pretexto oferecido pelas circunstâncias, era dar vazão ao sonho irreprimível que, vivendo tanto quanto a vida dura, tem na mocidade geralmente a sua primeira irrupção, sentimental ou violenta, não podendo ser duma maneira é doutra. Entretanto travaram-se batalhas campais, ou de rua e praça, para falar com mais rigor, os feridos contaram-se por centenas, houve três ou quatro mortos, embora as autoridades tivessem tentado esconder os tristes casos na confusão e contradição das notícias [...] (pp. 156-157).

O caos não dura muito tempo, e o movimento popular "nós somos ibéricos" perde força, confirmando a ironia de que se falou.

*A Jangada de Pedra* começa então a descrever toda a tragédia que se estabelece na Península Ibérica, desde a falta de alimentos e as dificuldades das ações oficiais até as estranhas mudanças ecológicas, como a alteração do clima e do curso normal dos rios. Esta espécie de prenúncio do apocalipse, agravado pelo descaso das potências mundiais, é marcado pelos movimentos da "jangada de pedra", para norte, para sul, para oeste, em torno do seu próprio eixo, reiterando o abandono a que Portugal e Espanha estão submetidos. O romance termina com a Península Ibérica estacionando: era hora de viver (e esperar), após tanto navegar.

Ao lado dessa fantástica história de rachamento dos Pirineus, há mais uma vez personagens inesquecíveis, que, mostrando a influência desse cataclismo em indivíduos anônimos, dão o tom humano à tragédia geológica.

*A Jangada de Pedra* se inicia, como dissemos, com vários atos insólitos, contemporâneos à separação da Península Ibérica do resto da Europa. Joana Carda, com uma vara de negrilho, traça no chão um risco que nem mesmo a água consegue desfazer; Joaquim Sassa joga no mar uma pedra com uma força absurdamente maior do que a que ele possuía; José Anaiço é seguido, onde quer que vá, por um bando imenso de aves; Pedro Orce, que é um farmacêutico espanhol, sente a terra tremer sob os próprios pés, como se fosse um sismógrafo vivo.

Estas quatro personagens combinam de nunca se separarem enquanto esses acontecimentos estranhos (que estão ligados ao maravilhoso[3]) perdurarem. Criam-se assim relações lúdicas de causa e efeito, sem que se saiba com precisão quais são os elos que podem estar sendo estabelecidos. A falta de lógica dessas ocorrências é um indício de que estamos entrando no terreno do imponderável, o que pode ser visto como um elemento metalinguístico do romance, pois todos os atos insólitos referidos parece justificarem a opção por uma narrativa tão heterodoxa. A ideia parece simples: a arte imita a vida.

3.  Ver nota 5 do Capítulo 2, p. 33.

Luís de Sousa Rebelo tem palavras inteligentes para investigar as intenções do romancista:

Tudo nesta série de acontecimentos poderá não ser mais do que um jogo de coincidências, onde se buscam relações de causa e efeito, pondo-se aqui o problema de decidir qual deles é a causa do outro, porquanto o efeito pode ser a causa, ou ser esta, outra, oriunda de uma esfera alheia ao nosso conhecimento. Ao reflectir tão demoradamente nas opções que se oferecem à tessitura da sua narrativa e à lógica interna, que a comanda, o narrador convida discretamente o leitor a manter a vigilância crítica no desenrolar da ficção. Tem esta o poder evocador da realidade e do sonho, que lhe confere a liberdade do verbo na amplitude de suas associações, cabendo ao leitor uma comparticipação autoral na construção do próprio texto que ele se representa[4].

O grupo de personagens, depois de algum tempo, é acrescido de Maria Guavaira e de um cão que tem um pedaço de um fio azul entre os dentes. Este se torna o guia do grupo, que parte numa cruzada pela Península em movimento, às vezes em Espanha, às vezes em Portugal, procurando alguma coisa que não se sabe o que é, nem mesmo se eles realmente procuram.

O romance termina com a morte de Pedro Orce, um pouco antes de ele ter sentido a terra parar de tremer. Navegar é preciso, viver...

Narrativa da esperança e dos temores coletivos, *A Jangada de Pedra* traça ainda a estória do destino individual, do drama do envelhecer, da solidão e da morte. A vara, que assinala o coval do companheiro, que se deixou junto ao lugar onde jazem as ossadas do primeiro homem

4.  Luís de Sousa Rebelo, "A Jangada de Pedra ou os Possíveis da História", em José Saramago, *A Jangada de Pedra*, 5. edição, Lisboa, Caminho, 1995, p. 338.

da Europa, tem, na identificação de uma mesma sorte, a significação emblemática do sofrimento da Humanidade ao longo da sua história. Lenho do sacrifício, árvore da vida, bíblica vara de Jessé, símbolo da fertilidade e da renovação, ela é também a vara que traça o risco na areia, ponto do *stilus*, que inventa a letra e registra a palavra. Virtudes que lhe conferem o dom de ser o símbolo da sua própria ficção, que se completa na circularidade de uma escrita, onde paira a constante ameaça de que a insólita experiência aí contada possa voltar a acontecer a qualquer momento. E esta é a qualidade que distingue toda grande obra de ficção[5].

*A Jangada de Pedra*, dos romances aqui analisados, é o que se aproxima mais explicitamente ao maravilhoso do Realismo Fantástico dos latino-americanos, pois nesta narrativa apresenta-se, como disse Davi Arrigucci Jr., "uma nova organização espacial" e dissolve-se a "categoria da causalidade como princípio lógico na construção do enredo", desmascarando uma "visão aparente da realidade" e transformando "o relativismo no próprio princípio de construção artística" (ver capítulo 1). Além disso, há a "coincidência" de a epígrafe do romance ser a frase "*Todo futuro es fabuloso*", de autoria do cubano Alejo Carpentier, um dos responsáveis pelas inovações na prosa de ficção da América Latina.

*A Jangada de Pedra*, sob a influência do Realismo Fantástico, aproveita o maravilhoso da literatura clássica para discutir, em 1986, uma das grandes contradições da globalização: a liberdade comercial e econômica, ao ser colocada em primeiro plano, parece funcionar como uma ameaça à identidade cultural das nações do mundo; com isso, surgem manifestações radicais de nacionalismo. Essas manifestações

---

5. *Idem*, pp. 348-349.

*A Jangada de Pedra*: Navegar é Preciso, Viver... ♦ 55

não são nada mais do que uma tentativa ousada de "preservação da espécie". Seguindo com a metáfora ecológica, o romance sugere que a globalização é uma ameaça à biodiversidade, pois é como se, de repente, apenas uma voz se estivesse se impondo como verdade absoluta. Parece que os arautos do mundo globalizado esqueceram-se das idiossincrasias culturais, das tradições folclóricas, da necessidade de manutenção dos valores regionais, que sempre foram anseios dos grupos que habitam o planeta. Por isso, se, por um lado, o romance mostra o descaso da Europa central por portugueses e espanhóis, por outro ele demonstra que apenas o afastamento espacial do continente poderia fazer com que a Península não perdesse complemente seus valores culturais.

A rotura geológica constitui também um desprender de raízes culturais, que aderem ao bloco que vai à deriva, pondo uma série de problemas de ordem política, social, econômica e sociológica a todos os povos da Península e ao mundo. O espanto, que retrai o pânico das populações, suscita nelas a topofobia, esse horror à permanência no lugar, já tão ardorosamente sentido por D. Quixote. Abandonam as casas, deixam os haveres, partem com o indispensável e buscam a largura da estrada com rumo ao norte ou noutra direção, que as distancie da costa ocidental e as afaste do risco de um eventual embate. As errâncias de movimento dessa jangada de pedra provocam as mais diversas tomadas de posição das potências que dominam o xadrez internacional. E na Península, os efeitos físicos do espetacular acidente geológico manifestam-se na alteração do curso dos rios e de outros fenômenos desconcertantes que perturbam e desorientam as populações[6].

6. *Idem*, p. 341.

Assim, a migração de Joana Carda, Joaquim Sassa, Pedro Orce, José Anaiço e Maria Guavaira não deixa de ser, em miniatura, uma imitação da migração da própria Península. Ambas as migrações parece que simbolizam uma preocupação maior: a preocupação com o próprio destino. A perplexidade suscitada pelos acontecimentos do romance traduz, em última instância, as inseguranças que surgiam diante do imponderável que se verificava nas transformações políticas, econômicas, sociais e culturais dos anos 1980 e 1990.

Eis, mais uma vez, Rebelo:

> A originalidade do tema deste romance revela mais uma vez a consciência lúdica e dolorosa que José Saramago tem do tempo e da História. Toda a sua obra nasce dessa funda preocupação com a vida, com o destino do homem e da mulher, colhidos na trama de um presente, que tece o futuro com os fios do passado e se esvai no instante, que é o da sua própria criação[7].

De maneira profética, Saramago já apontou, em *A Jangada de Pedra*, muitas das angústias atuais da sociedade globalizada, em que não há mais lugares para viajar e ainda há tanto por fazer.

---

7. *Idem, ibidem.*

# 5

## *História do Cerco de Lisboa:*
## Os Limites da Ficção

A independência política de Portugal sempre foi motivo de controvérsias entre os estudiosos, pois nunca houve unanimidade quanto à data deste acontecimento. A polêmica se explica porque, na realidade, houve um processo de independência ao longo de todo o século XII, envolvendo as resistências da monarquia castelhana e as constantes disputas territoriais com os mouros.

Segundo José Hermano Saraiva, as etapas do processo de independência

[...] mais importantes parecem ter sido a revolta de Afonso Henriques e a conquista do governo do condado, em 1128, a paz de Tui, em 1137, a conferência de Samora e a enfeudação do papa, em 1143, o desaparecimento do título de imperador com a morte de Afonso VII, em 1157, e por último a bula papal de 1179, com o reconhecimento da nova monarquia pela Santa Sé[1].

---

1. José Hermano Saraiva, *História de Portugal*, Lisboa, Europa-América, 1993. p. 60.

A primeira vez em que Afonso Henriques utilizou oficialmente o título de rei foi em 1139 (fala-se também em 1140), data que os livros didáticos costumam apresentar como a da independência portuguesa. A questão é que, a esta altura, Portugal ainda sofria uma forte influência de Castela e, principalmente, muitas cidades do país, inclusive Lisboa, ainda estavam tomadas pelos árabes, de modo que a soberania lusitana permanecia ameaçada.

A retomada dessas cidades tornou-se, para os portugueses, símbolo da afirmação nacionalista. O problema era a fraqueza do exército. Sobre essa questão, diz Hermano Saraiva:

> [...] as forças militares portuguesas eram tão poucas que para as expedições organizadas contra eles [os mouros] foi várias vezes necessário recorrer à ajuda das tropas que, vindas do norte da Europa a caminho da Palestina, faziam escala nos nossos portos. O rei mandava propor--lhes a colaboração em empresas guerreiras contra as cidades de que se queria apoderar; os diplomatas encarregados dessas missões eram os bispos, que deveriam convencer os chefes dos cruzados que tão santa era a guerra contra os infiéis de Espanha como a cruzada para libertar o Santo Sepulcro e ao mesmo tempo ofereciam, como pagamento pela intervenção, o saque das cidades se elas caíssem em seu poder. Foi desse modo que D. Afonso Henriques conquistou Lisboa, em 1147[2].

A tática de guerra empregada consistia em cercar essas cidades e, impedindo que os mouros tivessem contato com outras regiões, obrigá-los, encurralados, a enfrentar os numerosos cristãos. Em Lisboa, a coisa se tornava mais complicada para os islâmicos, já que todo o perímetro urbano era delimitado por uma imensa muralha de pedra (que ori-

---

2.  *Idem*, pp. 66-67.

ginalmente servia como proteção à urbe), da qual o Castelo de São Jorge (hoje ponto turístico lisboeta) é a melhor lembrança.

José Saramago, em mais um romance de raízes históricas, explora em *História do Cerco de Lisboa* essa retomada da capital portuguesa em 1147. O texto, porém, não se passa exatamente na Idade Média, e sim em pleno século XX, quando um sereno senhor de meia idade, revisor de textos por ofício, chamado Raimundo Benvindo Silva, de repente depara com uma incrível e nova versão do cerco de Lisboa.

O romance começa com um diálogo entre o revisor e um historiador, que está justamente escrevendo uma história do cerco de Lisboa. Valorizando as relações metalinguísticas, o narrador nos brinda com uma discussão fantástica sobre a origem da Literatura:

Recordo-lhe que os revisores são gente sóbria, já viram muito de literatura e vida, O meu livro, recordo-lho eu, é de história, Assim realmente o designariam segundo a classificação tradicional dos gêneros, porém, [...] em minha discreta opinião, senhor doutor, tudo quanto não for vida, é literatura, A história também, A história sobretudo, sem querer ofender, E a pintura, e a música, A música anda a resistir desde que nasceu, ora vai, ora vem, quer livrar-se da palavra, suponho que por inveja, mas regressa sempre à obediência, E a pintura, Ora a pintura não é mais do que a literatura feita com pincéis, Espero que não esteja esquecido de que a humanidade começou a pintar muito antes de saber escrever, Conhece o rifão, se não tens cão caça com gato, por outras palavras, quem não pode escrever pinta, ou desenha, é o que fazem as crianças, O que você quer dizer, por outras palavras, é que a literatura já existia antes de ter nascido, Sim senhor, como o homem, por outras palavras, antes de ser já o era [...][3] (p. 15).

3.    José Saramago, *História do Cerco de Lisboa*, São Paulo, Companhia das Letras, 1993.

Este promissor início já aproxima História e ficção, unindo-as pelo que ambos concordaram ser literatura, tomada como base de todas as manifestações artísticas. Terminada a revisão do livro do "doutor", Raimundo Silva deveria enviá-lo à editora, mas aí é que começa a intriga. O romance já dá mostras de que algo estranho vai acontecer, afinal ele abre o segundo capítulo de *História do Cerco de Lisboa* com a descrição do acordar de um almuadem cego do século XII: não se trata do texto do historiador, e sim da prova mais do que concreta de que é possível dar infinitas cores aos relatos históricos. No terceiro capítulo, após reler algumas linhas do texto revisado. Raimundo enfeitiça-se com uma frase escrita e...

Há dois minutos que Raimundo Silva olha, de um modo tão fixo que parece vago, a página onde se encontram consignados estes inabaláveis factos da História, não por desconfiar de que nela se esteja ocultando algum último erro. [...] Está como fascinado, lê, relê, torna a ler a mesma linha, esta que de cada vez redondamente afirma que os cruzados auxiliarão os portugueses a tomar Lisboa. Quis o acaso, ou foi antes a fatalidade, que estas unívocas palavras ficassem reunidas numa linha só, assim se apresentando com a força duma legenda, são como um dístico, uma inapelável sentença, mas são também como uma provocação, como se estivessem a dizer ironicamente, Faz de mim outra coisa, se és capaz. [...] [Raimundo Silva] acabou de tomar uma decisão, e que má ela foi. Com a mão firme segura a esferográfica e acrescenta uma palavra à página, uma palavra que o historiador não escreveu, que em nome da verdade histórica não poderia ter escrito nunca, a palavra Não, agora o que o livro passou a dizer é que os cruzados Não auxiliarão os portugueses a conquistar Lisboa, assim está escrito e portanto passou a ser verdade, ainda que diferente, o que chamamos falso prevaleceu sobre o que chamamos verdadeiro, tomou o seu lugar, alguém teria de vir contar a história nova, e como (pp. 48-50).

*História do Cerco de Lisboa*: Os Limites da Ficção ◆ 61

O revisor vive, neste excerto, um momento de crise de valores, em que as certezas perecem diante do imponderável. Saramago veio, pois, para contar a nova história, de uma nova verdade, e como. Essa passagem ilustra muito bem que *História do Cerco de Lisboa* leva às últimas consequências os limites da ficção, promovendo uma revisão histórica que, sem deixar de ter compromisso com a verdade (ainda que vista com grande relatividade), cria uma intricada rede de elementos fantásticos. Vejamos o que acontece.

Raimundo Silva entrega os originais revisados do livro sobre o cerco de Lisboa ao Costa, funcionário da editora, que por sua vez os leva para o prelo. Passam-se alguns dias, até que o "engano" é descoberto, para a surpresa de todos, que confiavam na competência e experiência do revisor. A solução encontrada é simples: os compradores receberiam uma errata com a afirmação correta: "os cruzados auxiliarão os portugueses a conquistar Lisboa". Sucede que a editora, temerosa de que outros equívocos dessa natureza pudessem ocorrer, contrata uma senhora para coordenar o trabalho dos revisores. Surge então a personagem que fará par amoroso com Raimundo, Maria Sara.

Inicialmente, o revisor teme a nova supervisora, afinal seu emprego estava em jogo. Mas é justamente ela a única pessoa que percebe, talvez por também ter sido revisora, que o senhor Raimundo Silva deveria ter tido algum bom motivo para resolver modificar a História. No primeiro encontro entre os dois, ela lhe aponta um exemplar da História do cerco de Lisboa e pergunta-lhe:

[...] esse livro é o seu. Confundido, Raimundo Silva levantou a cabeça, O meu, perguntou, Sim, é o único exemplar da *História do Cerco de*

62 ◆ Saramago – Um Roteiro para os Romances

*Lisboa* que não leva a errata, nele continua a afirmar-se que os cruzados não quiseram ajudar os portugueses, Não compreendo, Diga antes
que está a tentar ganhar tempo para saber como deve falar comigo,
Desculpe, mas a minha intenção, Não precisa justificar-se, não pode
levar a vida a dar explicações [...] (p. 105).

Após alguns minutos de conversa, entre ironias e explicações, Maria Sara resolve fazer uma curiosa sugestão a
Raimundo:

[...] tudo isso, repito, [...] se condensou na sugestão que decidi fazer-
-lhe, E que é, A de escrever uma história do cerco de Lisboa em que
os cruzados, precisamente, não tenham ajudado os portugueses, tomando portanto à letra o seu desvio, para empregar a palavra que lhe
ouvi há pouco, Desculpe, mas não estou bem a perceber a sua ideia,
É muito clara, Talvez seja isso mesmo que me impede de percebê-la,
Ainda não teve tempo de se habituar a ela, assim de repente é natural
que o primeiro movimento seja de rejeição, Não se trata de rejeição, é
mais como um absurdo que a vejo, Pergunto-lhe se conhece absurdo
maior que o tal seu desvio, Não falemos do meu desvio, Ainda que
não falássemos mais dele, ainda que este exemplar levasse, também
ele, a errata que está em todos os outros, ainda que esta edição fosse
inteiramente destruída, mesmo assim, o Não que naquele dia escreveu
terá sido o acto mais importante da sua vida, Que sabe da minha vida,
Nada, a não ser isto, Então não pode ter opinião sobre a importância
do resto, É verdade, mas o que eu disse não se destinava a ser tomado
em sentido literal, são expressões enfáticas que sempre têm de contar
com a inteligência do interlocutor, Sou pouco inteligente, Aí está mais
uma expressão enfática, a que eu dou o valor que tem realmente, isto
é, nenhum, Posso fazer-lhe uma pergunta, Faça-a, Sinceramente, está
ou não a divertir-se à minha custa, Sinceramente, não estou, Então
porquê este interesse, essa sugestão, esta conversa, Porque não é todos
os dias que se encontra alguém que tenha feito o que o senhor fez,
Estava mentalmente perturbado, Ora, ora, Em definitivo, sem querer

*História do Cerco de Lisboa*: Os Limites da Ficção  ◆  63

ser mal-educado, a sua ideia não tem pés nem cabeça, Então, em definitivo, faça de conta que ela nunca existiu (pp. 109-110).

Raimundo fica, nesta passagem, irritado com sua supervisora, provavelmente porque ela disse o que ele estava sem coragem para assumir, a saber, o fato de que ele havia criado uma história nova com o seu Não e era necessário alguém para narrá-la. Assim, Saramago novamente investe na metalinguagem, que está presente em todo fragmento transcrito, pois a história que o revisor começa a escrever (prova cabal de que a sugestão de Maria Sara não tinha nada de absurdo) justifica a linha fantástica que *História do Cerco de Lisboa* vai adotar a partir de então.

As duas narrativas, a de Raimundo e a de Saramago, misturam-se, criando um discurso polifônico, de vozes diferentes que pouco a pouco chegam aos limites da criação ficcional, em que o passado é recuperado pelo presente, mas sob a nova perspectiva que foi aberta pelo revisor.

Raimundo Silva e Maria Sara começam, após algum tempo de convivência, a namorar, e o caso amoroso que eles vivem dialoga com a história que está a ser composta. Nesta, o soldado Mogueime, que luta pelos portugueses, apaixona-se por Ouroana, dando contornos humanos à *História do Cerco de Lisboa.*

Os dois casais se espelham, com oitocentos anos de distância, mostrando o lado perene das relações humanas. Essas duas narrativas terminam de mãos dadas, como os dois casais, no momento em que Raimundo finda seu primeiro livro. Saramago, então, também encerra o seu romance, deixando ao leitor o mistério de uma sombra, perfeitamente adequada para pôr fim a uma narrativa mágica como esta:

São três horas da madrugada. Raimundo pousa a esferográfica, levanta-se devagar, ajudando-se com as palmas das mãos assentes sobre a mesa, como se de repente lhe tivessem caído em cima todos os anos que tem para viver. Entra no quarto, que uma luz fraca apenas ilumina, e despe-se cautelosamente, evitando fazer ruído, mas desejando no fundo que Maria Sara acorde, para nada, só para poder dizer-lhe que a história chegou ao fim, e ela, que afinal não dormia, pergunta-lhe, Acabaste, e ele respondeu, Sim, acabei, Queres dizer-me como termina, [...] Na minha ideia, Ouroana vai voltar para a Galiza, e Mogueime irá com ela, [...] Por que pensas que eles se devem ir embora, Não sei, pela lógica deveriam ficar, deixa lá, ficamos nós. A cabeça de Maria Sara descansa no ombro de Raimundo, com a mão esquerda ele acaricia-lhe o cabelo e a face. Não adormeceram logo. Sob o alpendre da varanda respirava uma sombra (p. 348).

# 6

## O *Evangelho Segundo Jesus Cristo:*
## Entre a Glória e a Blasfêmia

No *Novo Testamento* bíblico, existem quatro evangelhos, livros históricos que, ao lado dos *Atos dos Apóstolos*, contam a vida de Jesus Cristo. Atribuídos a Mateus, Marcos, Lucas e João, esses evangelhos são os únicos textos que a Igreja Católica – ou mesmo o Cristianismo como um todo – considera oficiais e, portanto, sagrados.

Dos quatro evangelistas, sabe-se que apenas João, com certeza, conheceu Jesus, sendo inclusive um de seus apóstolos mais próximos. As outras três narrativas, de Mateus, Marcos e Lucas, são posteriores à crucificação e datam da segunda metade do século I.

É praticamente certo que houve muitos outros evangelhos escritos, que teriam servido de base para os quatro livros que hoje fazem parte da *Bíblia*, mas eles se perderam ao longo dos anos ou, tendo sobrevivido, ainda que parcialmente, foram pouco valorizados, sendo chamados de evangelhos apócrifos.

O *Evangelho Segundo São Lucas* é a prova de que a história da vida de Jesus sempre foi contada e recontada, tanto é assim que Lucas afirma que, mesmo sem ter sido testemunha dos acontecimentos que narra, julga-se no direito de ser um porta-voz da solidez da doutrina cristã.

Ora, seguindo as ideias de Lucas, muitos resolveram dar a própria visão do ocorrido com Cristo. Foi o que aconteceu com o célebre poema VIII, de "O Guardador de Rebanhos", em que o heterônimo pessoano Alberto Caeiro compõe seu evangelho, no qual Jesus é um menino que, cansado da estupidez do céu católico, abandona a Trindade para viver com o camponês. Pessoa termina o texto dizendo:

> Esta é a história do meu Menino Jesus.
> Por que razão que se perceba
> Não há de ser ela mais verdadeira
> Que tudo quanto os filósofos pensam
> E tudo quanto as religiões ensinam?[1]

Essa pergunta, repetida sabe-se lá quantas vezes na cabeça das pessoas, apareceu para José Saramago, que, acompanhando os passos de Lucas e de Fernando, decide escrever o seu evangelho. Para tal, ele utiliza um trecho bíblico que funciona como um argumento de autoridade para iniciar a narrativa. Eis a epígrafe de *O Evangelho Segundo Jesus Cristo*:

> Já que muitos empreenderam compor uma narração dos factos que entre nós se consumaram, como no-los transmitiram os que desde o princípio foram testemunhas oculares e se tornaram servidores da Palavra, resolvi eu também, depois de tudo ter investigado cuidadosamente desde a origem, expor-tos por escrito e pela sua ordem, ilustre

---

1. Fernando Pessoa, *op. cit.*, p. 212.

*O Evangelho Segundo Jesus Cristo*: Entre a Glória e a Blasfêmia ♦ 67

Teófilo, a fim de que reconheças a solidez da doutrina em que foste instruído [*Lucas*, 1, 1-4[2] (p. 11)].

Nota-se que Saramago escolhe muito bem esses versículos, tanto para justificar a sua criação ficcional como para "incomodar" certas crenças inabaláveis. Aliás, esse desejo pelo "incômodo" mais uma vez dialoga com o propósito de desmistificar a História oficial, neste caso sagrada, apresentando uma versão mais humanizadora dos acontecimentos. *O Evangelho Segundo Jesus Cristo* leva às últimas consequências esse princípio desmistificador, dando cores à vida de Jesus, de Maria, de José, de Maria Madalena (ou de Magdala, como prefere o romance), de Pedro, de Judas, de Deus e do Demônio. Essas personagens não precisaram ser inventadas, Saramago apenas as aproveitou dos evangelhos e roubou-lhes o ar solene da religiosidade, para apresentá-las com a densidade psicológica que tinham, ou que têm, ou que deveriam ter tido.

Em *O Evangelho Segundo Jesus Cristo*, entretanto, essa ideia de desmistificar a História passa pelo problema de entrar nos limites da fé, e o que para os amantes da boa literatura poderia ser um deleite, para os religiosos se tornaria pura blasfêmia. Saramago estava disposto a enfrentar esta delicada situação e, como disse Pilatos: *quod scripsi, scripsi*[3] (frase que não à toa é a segunda epígrafe da narrativa).

Logo no início do romance, começa-se a demonstrar que *O Evangelho*, por centrar os acontecimentos na versão

2. José Saramago, *O Evangelho Segundo Jesus Cristo*, São Paulo, Companhia das Letras, 1997.
3. Esta frase foi retirada de João 19,22 da versão latina da *Bíblia*, conhecida como *Vulgata* (Stuttgart, Deutsche Bibelgesellschaft, 1994, p. 1693). O versículo inteiro diz: "*respondit Pilatus quod scripsi scripsi*", cuja tradução é: "respondeu Pilatos: o que escrevi, escrevi".

de Jesus, humaniza a história, dirimindo certas fantasias do discurso cristão. José e Maria, na narrativa, acabam fazendo sexo, e a decantada pureza da Virgem é substituída pela maneira tradicional de trazer crianças ao mundo. Segundo a tradição bíblica, foi o anjo Gabriel que avisou Maria de que ela seria mãe do filho de Deus. Em *O Evangelho Segundo Jesus Cristo*, também é um anjo que dá o aviso da gravidez da moça, mas de um modo no mínimo curioso:

Maria veio abrir, o pedinte ali estava, de pé, mas inesperadamente grande, muito mais alto do que antes lhe tinha parecido, afinal é certo o que se diz, que há uma enormíssima diferença entre comer e não ter comido, porquanto a este homem era como se lhe resplandecesse a cara e faiscassem os olhos, ao mesmo tempo que as roupas que vestia, velhas e esfarrapadas, se agitavam sacudidas por um vento que não se sabia donde vinha, e com esse contínuo movimento se nos confundia a vista, a ponto de, em um instante, parecerem os farrapos finas e sumptuosas telas, o que só estando presente se acredita. Estendeu Maria as mãos para receber a tigela de barro, a qual, em consequência duma ilusão de óptica em verdade assombrosa, porventura gerada pelas cambiantes luzes do céu, era como se a tivessem transformado em vaso do mais puro ouro, e, no mesmo instante em que a tigela passava dumas mãos para as outras, disse o mendigo com poderosíssima voz, que até nisto o pobre de Cristo tinha mudado, Que o Senhor te abençoe, mulher, e te dê todos os filhos que a teu marido aprouver, mas não permita o mesmo Senhor que os vejas como a mim me podes ver agora, que não tenho, ó vida mil vezes dolorosa, onde descansar a cabeça. Maria segurava a escudela no côncavo das duas mãos, taça sobre taça, como quem esperava que o mendigo lhe depositasse algo dentro, e ele sem explicação assim fez, que se baixou até ao chão e tomou um punhado de terra, e depois erguendo a mão deixou-a escorrer lentamente por entre os dedos, enquanto dizia em surda e ressonante voz, O barro ao barro, o pó ao pó, a terra à terra, nada começa que não

*O Evangelho Segundo Jesus Cristo*: Entre a Glória e a Blasfêmia ◆ 69

tenha de acabar, tudo o que começa nasce do que acabou. Turbou-se
Maria e perguntou, Isso que quer dizer, e o mendigo respondeu apenas, Mulher, tens um filho na barriga, e esse é o único destino dos homens, começar e acabar, acabar e começar, Como soubeste que estou
grávida, Ainda a barriga não cresceu e já os filhos brilham nos olhos
das mães, Se assim é, deveria meu marido ter visto nos meus olhos o
filho que em mim gerou, Acaso não olha ele para ti quando o olhas
tu, E tu quem és, para não teres precisado de ouvi-lo da minha boca,
Sou um anjo, mas não o digas a ninguém.

Naquele mesmo instante, as roupas resplandecentes voltaram
a ser farrapos, o que era figura de titânico gigante encolheu-se e
mirrou como se o tivesse lambido uma súbita língua de fogo, e a
prodigiosa transformação foi mesmo a tempo, graças a Deus, e logo
a seguir a prudente retirada, que do portal já vinha acercando-se
José, atraído pelo rumor das vozes, mais abafadas do que o natural
duma conversação lícita, mas sobretudo pela exagerada demora da
mulher, Que mais te queria o pobre, e Maria, sem saber que palavras
suas poderia dizer, só soube responder, Do barro ao barro, do pó ao
pó, da terra à terra, nada começa que não acabe, nada acaba que não
comece, Foi isso o que ele disse, Sim, e também disse que os filhos
dos homens brilham nos olhos das mulheres, Olha para mim, Estou
a olhar, Parece-me ver um brilho nos teus olhos, foram palavras de
José, e Maria respondeu, Será o teu filho. O crepúsculo tornara-se
azulado, ia tomando já a primeira cor da noite, agora via-se que de
dentro da tigela irradiava como uma luz negra que desenhava sobre
o rosto de Maria feições que nunca haviam sido dela, os olhos pare-
ciam pertencer a alguém muito mais velho. Estás grávida, perguntou
enfim José, Sim, estou, respondeu Maria, Por que não mo disseste
antes, Ia dizer-to hoje, esperava que acabasses de comer, E então
chegou esse pedinte, Sim, de que mais se falou, que o tempo deu
sem dúvida para mais, Que o Senhor me conceda todos os filhos
que tu quiseres, Que tens aí na tigela, para que dessa maneira brilhe,
Terra tenho, O húmus é negro, a argila verde, a areia branca, dos três
só a areia brilha se lhe dá o sol, e agora é noite, Sou mulher, não sei

70 • Saramago – Um Roteiro para os Romances

explicar, ele tomou a terra do chão e lançou-a dentro, ao mesmo tempo disse as palavras, A terra à terra[4], Sim (pp. 33-35).

Essa longa passagem, notável pela situação fantástica que apresenta, começa a dar sinais do caminho que este evangelho irá tomar. O mendigo gigante que aparece a Maria, por estar envolvido numa aura de mistério, chama a atenção dos leitores, que, reparando bem em sua descrição, hão de concordar que ele não deve ser o anjo Gabriel. O estranho é que ele se diz um anjo. Ora, pode-se imaginar que o mendigo estava apenas a mentir, mas primeiro Maria está realmente grávida, segundo José percebe (somente depois desse estranho encontro) que sua mulher espera um filho, terceiro o mendigo consegue mudar inexplicavelmente de tamanho e quarto a terra que ele colocou dentro da tal tigela tem um brilho que ninguém sabe de onde vem. Portanto, o mendigo não deve estar mentindo...

Tudo indica que o mendigo é mesmo um anjo, mas não o Gabriel. Segundo a mitologia cristã, Deus possuía oito arcanjos, sendo que um deles, chamado Sataniel (ou Lúcifer, palavra cuja origem retoma o Latim *lux*, que significa luz, brilho), desrespeitando as ordens divinas, tornou-se a encarnação e a figurativização da maldade. Daí que o demônio (que muitos chamam de Satanás) possa também ser considerado um anjo. Provavelmente o mendigo é o próprio Satanás, humanizado em quase todos os sentidos, afinal a terra tirada do chão que lhe escorreu entre os dedos tinha um

---

4.  Essa figura da terra, como já se pode perceber, é renitente nos romances analisados e, na maioria das vezes, traz um quê de perenidade e de mistério. Como exemplo, basta recorrer ao final do *Memorial do Convento*, quando a vontade de Baltasar não sobe aos céus pois pertence à terra e a Blimunda (ver capítulo 2).

*O Evangelho Segundo Jesus Cristo*: Entre a Glória e a Blasfêmia ◆ 71

brilho negro. Vejamos. O anjo mendigo demonstra ter poder sobre a terra do chão ou sobre o que está abaixo dela (as profundezas do inferno, quem sabe?), dando-lhe aquele brilho negro. Sabe-se que as representações do céu costumam estar ligadas ao brilho e à claridade, enquanto o inferno, embora às vezes brilhante, identifica-se com a escuridão. Este brilho negro seria portanto a marca do poder demoníaco do mendigo. Segundo O *Evangelho Segundo Jesus Cristo*, quem dá o aviso da gravidez de Maria é o próprio diabo.

O ritmo promissor do início do romance, recheado de inversões histórico-religiosas, é um indício de tudo aquilo que ainda pode acontecer. Depois do nascimento de Jesus, na *Bíblia*, surgem os três reis magos que deveriam trazer ao menino incenso, ouro e mirra, ao menos de acordo com o *Novo Testamento*. Não é exatamente isso que ocorre no romance:

O filho de José e de Maria nasceu como todos os filhos dos homens, sujo de sangue de sua mãe, viscoso das suas mucosidades e sofrendo em silêncio. Chorou porque o fizeram chorar, e chorará por esse mesmo e único motivo. Envolto em panos, repousa na manjedoura, não longe do burro, porém não há perigo de ser mordido, que ao animal prenderam-no curto. [...]
Descendo a encosta, aproximam-se três homens. São os pastores. Entram juntos na cova. Maria está recostada e tem os olhos fechados. José, sentado numa pedra, apóia o braço na borda da manjedoura e parece guardar o filho. O primeiro pastor avançou e disse, Com estas minhas mãos mungi as minhas ovelhas e recolhi o leite delas. Maria, abrindo os olhos, sorriu. Adiantou-se o segundo pastor e disse, por sua vez, Com estas minhas mãos trabalhei o leite e fabriquei o queijo. Maria acenou com a cabeça e voltou a sorrir. Então, o terceiro pastor chegou para diante, num momento pareceu que enchia a cova com sua grande estatura, e disse, mas não olhava nem o pai nem a mãe da

criança nascida, Com estas minhas mãos amassei este pão que trago, com o fogo que só dentro da terra há o cozi. E Maria soube quem ele era (pp. 83-84).

O nascimento de Jesus não tem nada de especial, mas o seu choro, ligado a um sofrimento silencioso, já aponta para características da personalidade do nosso protagonista. Quanto aos pastores, eles trazem leite, queijo e pão, sem dúvida alguma presentes bastante terrenos e, num primeiro momento, mais úteis a uma família tão pobre. O terceiro pastor dispensa maiores comentários, sua estatura lembra o mendigo e seu conhecimento sobre "o fogo que só dentro da terra há" lembra o demônio. Não bastou Satanás tomar o lugar do anjo Gabriel, ele também surge como um dos três reis magos. Aliás, o mendigo-demônio daqui para a frente no romance será chamado de pastor, como nessa passagem ele foi apresentado.

A partir do nascimento de Jesus, os acontecimentos se centrarão nele, como sugere o título do romance. Vale dizer que, em *O Evangelho Segundo Jesus Cristo*, ele é o primogênito de vários irmãos, que José e Maria não se contentaram em ter apenas um filho.

Quando Jesus está no começo da adolescência, seu pai José morre crucificado, aos trinta e três anos, confundido em Séforis com inimigos dos romanos por casos de guerra. Não consta em nenhum lugar que José tenha morrido desta maneira, mas no romance há uma bela explicação para esta crucificação. Todos sabem que Herodes mandou matar os meninos que nascessem em Belém, mais ou menos na época que Jesus estava para nascer. José, sabendo do perigo que a esposa grávida corria, fugiu do contato com os soldados de

O *Evangelho Segundo Jesus Cristo*: Entre a Glória e a Blasfêmia ♦ 73

Herodes para deixar Jesus nascer, sozinho e seguro, na manjedoura. O carpinteiro nem sequer deu um aviso aos outros pais acerca do risco que corriam se ficassem naquela região. Indiretamente, por omissão e portanto cumplicidade, José ajudou a matar aquelas milhares de crianças. Era isso que o pai de Jesus sentia quando os soldados romanos por engano prenderam-no. Ele não alegou inocência e aceitou a cruz, com a resignação dos arrependidos e a culpa de um pecado maior que nunca deixaria de atormentá-lo. É certo que a morte de José não deixa de ser símbolo da arbitrariedade dos soldados de Roma ou ainda prova de que Deus queria explicitar quem era pai de Jesus...

Alguns dias após a crucificação, Jesus tem uma conversa com Maria no deserto para destruir as dúvidas que tinha sobre o seu nascimento. Quando percebe que o pai, para salvar-lhe a vida, "consentiu" que Herodes matasse todos os outros meninos, resolve sair de casa. Era o início do encontro com seu destino. Eis um trecho desta bela passagem:

No espírito de Jesus a ideia acabou de formar-se, quis sair para fora do corpo mas a língua travou-lhe a passagem, enfim, com uma voz temerosa de si mesma disse, O pai sabia que os meninos iam ser mortos. Não perguntou, por isso Maria não teve de responder. [...] As mãos de Jesus subiram de repente até ao rosto como se o quisessem rasgar, a voz soltou-se num grito irremediável, O meu pai matou os meninos de Belém, Que loucura estás dizendo, mataram-nos os soldados de Herodes, Não, mulher, matou-os meu pai, matou-os José filho de Heli, que sabendo que os meninos iam ser mortos não avisou os pais deles, e quando estas palavras ficaram todas ditas ficou também perdida a esperança de consolação. Jesus lançou-se para o chão, a chorar, Os inocentes, os inocentes, dizia ele, parece incrível que um simples rapaz de treze anos, idade em que o egoísmo facilmente se explica e

74 ◆ Saramago – Um Roteiro para os Romances

desculpa, possa ter sofrido tão forte abalo por causa duma notícia que, se tivermos em conta o que sabemos do nosso mundo contemporâneo, deixaria indiferente a maior parte da gente. [...] Disse Maria, Vamos para casa, não temos mais nada a dizer aqui, e o filho respondeu-lhe, Vai tu, eu fico. Parecia que se perdera o rasto de ovelha ou pastor, o deserto era de facto um deserto [...] Quando Maria desapareceu na fundura cinzenta de um vale, Jesus, de joelhos, gritou, e todo o seu corpo lhe ardia como se estivesse a suar sangue, Pai, meu pai, por que me abandonaste[5], que isto era o que o pobre rapaz sentia, abandono, desespero, a solidão infinda de um outro deserto, nem pai, nem mãe, nem irmãos, um caminho de mortos principiado. De longe, sentado no meio das ovelhas e confundido com elas, o pastor olhava-o (pp. 187-189).

Esse excerto comprova que Jesus tinha um espírito inconformado, aliado a um grande senso de justiça. São esses sentimentos que o obrigam a cumprir seu destino longe de sua família, ao lado de um pastor (que já sabemos quem é). Toda a adolescência de Jesus, que leva consigo uma tal tigela negra, é ao lado do demônio, que lhe ensina coisas importantes da vida: as contradições dos sacrifícios dos cordeiros, o mistério das obrigações religiosas, a responsabilidade de ter o próprio rebanho, a necessidade dos desejos carnais. O pastor traz-lhe maturidade e prepara-o para a vida adulta.

Já na juventude Jesus conhece o amor, representado por Maria de Magdala. Os dois se amam poderosamente e ficam juntos durante toda a vida. Ao lado dela, o filho de José começa a operar vários milagres, sobre os quais ele não conseguia ter domínio.

O milagre do vinho é dessacralizado, pois em *O Evangelho Segundo Jesus Cristo* ele ocorre quando Jesus e Maria de

---

5.  Esta frase, que no contexto apresenta uma evidente ambiguidade, foi retirada do *Novo Testamento: Mateus* 27,46.

*O Evangelho Segundo Jesus Cristo*: Entre a Glória e a Blasfêmia • 75

Magdala estão numa festa e o vinho acaba. O milagre dos pães também é desmistificado, na medida em que serve para saciar a fome de um bando imenso de mendigos que não teriam como dividir um único pão.

Depois de alguns anos juntos, o casal vai morar numa aldeia de pescadores em que Jesus é idolatrado. Isso porque é só um barco entrar na água com ele estando a bordo que imediatamente os peixes procuram tresloucadamente ficar próximos à embarcação. Ele ajuda todos os pescadores, cada dia indo trabalhar com um deles.Vê-se que o senso de justiça que ele tinha desde a infância não se perdeu.

Neste momento da narrativa, Jesus parte certa vez sozinho para o mar, num dia em que as águas estavam cobertas por um imenso nevoeiro. Ele já sabia que havia algo de muito importante em seu destino (inclusive ele já tinha afirmado que era filho de Deus) e vai ao mar encontrá-lo. Trata-se da passagem mais incrível do romance:

> O nevoeiro abre-se para Jesus passar, mas o mais longe a que os olhos chegam é a ponta dos remos, e a popa, com sua travessa simples a servir de banco. O resto é um muro, primeiro baço e cinzento, depois, à medida que a barca se aproxima do destino, uma claridade difusa começa a tornar branco e brilhante o nevoeiro, que vibra como se procurasse, sem o conseguir, no silêncio, um som. Numa roda maior de luz, a barca pára, é o centro do mar. Sentado no banco da popa, está Deus (p. 364).

Depois de algumas palavras, Deus afirma que Jesus é Seu filho. Após a revelação — ou melhor, confirmação —, aparece, a estibordo, nadando, o demônio, que acompanhará a conversa entre os outros dois, às vezes intervindo. Deus então tenta explicar o motivo que o obrigou a ter um filho:

76 ◆ Saramago – Um Roteiro para os Romances

[...] depois de quatro mil anos de trabalho e preocupações, que os sacrifícios nos altares, por muito abundantes e variados que sejam, jamais pagarão, [...] [continuo] a ser o deus de um povo pequeníssimo que vive numa parte diminuta do mundo [...], diz-me tu, meu filho, se eu posso viver satisfeito tendo esta, por assim dizer, vexatória evidência todos os dias diante dos olhos, Não criei nenhum mundo, não posso avaliar, disse Jesus, Pois é, não podes avaliar, mas ajudar, podes, Ajudar a quê, A alargar a minha influência, a ser deus de muito mais gente, Não percebo, Se cumprires bem o teu papel, isto é, o papel que te reservei no meu plano, estou certíssimo que em pouco mais do que em meia dúzia de séculos, embora tendo de lutar, eu e tu, com muitas contrariedades, passarei de deus dos hebreus a deus dos que chamaremos católicos, à grega, E qual foi o papel que me destinaste no teu plano, O de mártir, meu filho, o de vítima, que é o que de melhor há para fazer espalhar uma crença e afervorar uma fé (p. 370).

Esse trecho mostra que o Judaísmo não tinha possibilidades de crescimento, pois se restringia a um povo "escolhido", de maneira que Deus decide dar maquiavelicamente um impulso para que o Catolicismo estenda Seus domínios. Jesus, o mártir dessa religião que vai surgir, fica então sabendo que morrerá na cruz e, depois da morte e da ressurreição, terá glória e poder, tornando-se símbolo de uma grande parte da humanidade. Impossibilitado de reagir ao seu destino preestabelecido, ele pergunta a Deus quantas outras pessoas deverão morrer ou sofrer por causa desse desejo inefável de multiplicação da fé. Deus hesita em responder a uma pergunta tão direta, mas a contragosto começa a citar os nomes dos demais mártires, começando com Pedro e Tiago, depois passando a Matias, Tomé e Mateus, e finalmente chegando a uma lista imensa, com os nomes ao lado das causas das mortes, que tantas são: crucificação, crucificação de cabeça para

*O Evangelho Segundo Jesus Cristo*: Entre a Glória e a Blasfêmia • 77

baixo, crucificação em forma de X, decapitação, fogueira, enforcamento, enterramento em vida, mais aqueles que morreram arrastados por cavalos, cravados com flechas, a pedradas, esquartejados, esfolados vivos, sentados numa cadeira forrada de cravos, esfaqueados, esticados por cabrestantes, e ainda muitos outros, que morreram de muitos outros modos. Isso sem falar nas torturas. Deus fala também de todas as guerras religiosas, das Cruzadas, dos tribunais da Inquisição, dos que foram mortos por crer em Cristo e dos que foram mortos por não crer. No final da lista do genocídio, diz Deus:

O único Deus sou eu, eu sou o Senhor, tu és o meu Filho, Morrerão milhares, Centenas de milhares, Morrerão centenas de milhares de homens e mulheres, a terra encher-se-á de gritos de dor, de uivos e roncos de agonia, o fumo dos queimados cobrirá o sol, a gordura deles rechinará sobre as brasas, o cheiro agoniará, e tudo isto será por minha culpa, Não será por tua culpa, por tua causa, Pai, afasta de mim este cálice, Que tu o bebas é a condição do meu poder e da tua glória, Não quero esta glória, Mas eu quero esse poder. [...] Então o diabo disse, É preciso ser-se Deus para gostar tanto de sangue (p. 391).

Não havia mais muito a ser dito, Jesus agora tinha certeza absoluta do seu destino. O pastor ainda tenta uma alternativa, movido por um suspiro de bondade: ele propõe pedir perdão a Deus e voltar a ser um dos seus anjos prediletos, impedindo a carnificina futura. Mas Deus é taxativo: a bondade só existe em oposição à maldade, Deus só é adorado se há um Diabo a ser temido. Diz então o pastor:

Que não se diga que o Diabo não tentou um dia a Deus, e, levantando-se, ia passar uma perna por cima da borda do barco, mas de súbito suspendeu o movimento e disse, Tens no teu alforge uma coisa

78 • Saramago – Um Roteiro para os Romances

que me pertence. Jesus não se lembrava de ter trazido o alforge para o barco, mas a verdade é que ele ali estava, enrolado, aos seus pés, Que coisa, perguntou, e, abrindo-o, viu que dentro não havia mais do que a velha tigela negra que de Nazaré trouxera, Isto, Isso, respondeu o Diabo, e tomou-lha das mãos, Um dia voltará ao teu poder, mas tu não chegarás a saber que a tens (p. 393).

Jesus volta, após quarenta dias[6], à praia dos pescadores: a relação com os dias passados no deserto, segundo a *Bíblia*, fica patente. Ele conhece seu destino. Os últimos momentos de sua vida são tensos. Saramago modifica o milagre de Lázaro, a negação de Pedro e a traição de Judas, que acaba sendo um grande mártir também. Jesus sai, então, espalhando aos quatro cantos do mundo que é o rei dos judeus. A crucificação não tarda:

Jesus morre, morre, e já o vai deixando a vida, quando de súbito o céu por cima de sua cabeça se abre de par em par e Deus aparece, vestido como estivera na barca, e a sua voz ressoa por toda a terra, dizendo, Tu és o meu Filho muito amado, em ti pus toda minha complacência. Então Jesus compreendeu que viera trazido ao engano como se leva o cordeiro ao sacrifício, que a sua vida fora traçada para morrer assim desde o princípio dos princípios, e, subindo-lhe à lembrança o rio de sangue e de sofrimento que do seu lado irá nascer e alagar toda a terra, clamou para o céu aberto onde Deus sorria, Homens, perdoai-lhe, porque ele não sabe o que fez. Depois, foi morrendo no meio de um sonho, estava em Nazaré e ouvia o pai dizer-lhe, encolhendo os ombros e sorrindo também, Nem eu posso fazer-te todas as perguntas, nem tu podes dar-me todas as respostas. Ainda havia nele um resto de

---

6.  No *Novo Testamento*, há um episódio, conhecido como a tentação no deserto, em que Jesus, conduzido pelo Espírito Santo, permanece quarenta dias em jejum no deserto sendo tentado pelo demônio (Mat. 4,1-11, Mar. 1,12-13 e Luc. 4,1-13).

*O Evangelho Segundo Jesus Cristo*: Entre a Glória e a Blasfêmia ♦ 79

vida quando sentiu que uma esponja embebida em água e vinagre lhe roçava os lábios, e então, olhando para baixo, deu por um homem que se afastava com um balde e uma cana ao ombro. Já não chegou a ver, posta no chão, a tigela negra para onde o seu sangue gotejava (pp. 444-445).

Pelo menos o demônio tinha ainda algum resquício de compaixão.

# 7

## *Ensaio sobre a Cegueira:*
## A Luz Perdida dos (nos) Olhos

Segundo princípios básicos de óptica, podemos dizer, *grosso modo*, que o preto e o branco não são exatamente cores. A luz branca seria a mistura de todas as cores que formam o arco-íris, enquanto o preto seria a ausência total de luminosidade; em outras palavras: o branco seria a reflexão total da luz, e o preto, a retenção total.

Por isso, quando se pensa no conceito de cegueira, imediatamente há a identificação com a escuridão, como se a incapacidade de ver estivesse sempre vinculada à imagem das trevas, à ausência completa de luz. Não parece haver uma cegueira verde, azul ou amarela; cegueira é preta, e ponto final. Parece que isso é um consenso, mas José Saramago, em seu oitavo romance, o celebrado *Ensaio sobre a Cegueira*, resolve contar a incrível história de uma epidemia de cegueira inexplicavelmente branca, altamente contagiosa, que se espalha por toda uma região, que não é identificada com precisão.

Tudo começa quando um sujeito, parado em um semáforo fechado, subitamente percebe que não está enxergando, o que causa uma complicação no trânsito e traz-lhe um imenso pânico. Algumas pessoas se prontificam a ajudar o novo cego e surge a surpresa: a sua cegueira é branca.

O cego ergueu as mãos diante dos olhos, moveu-as, Nada, é como se estivesse no meio de um nevoeiro, é como se tivesse caído num mar de leite, Mas a cegueira não é assim, disse o outro, a cegueira dizem que é negra, Pois eu vejo tudo branco [...][1] (p. 13).

Além do insólito evidente da situação, pode-se dizer que o fato de Saramago criar uma onda de cegueira branca não é apenas uma brincadeira ou uma tentativa de busca de originalidade; mais do que isso, vê-se nessa estranha criação um prenúncio de toda a parábola que o romance irá desenvolver.

O motorista cego é então levado para casa por um sujeito que acaba lhe roubando o carro. Sua mulher é quem percebe o furto e, de táxi, leva o marido até o médico, que se surpreende com este caso, desconhecido dos anais da medicina, de cegueira branca.

A partir daí, a epidemia se espalha por toda a cidade, representação metonímica de um espaço mais amplo, provavelmente um país ou talvez até mesmo um continente. A mulher do primeiro cego também deixa de enxergar, o médico perde a visão e, pouco a pouco, surgem na narrativa os demais cegos que protagonizarão a história desse estranho fenômeno: o velho da venda preta, a rapariga dos óculos escuros, o rapazinho estrábico. É interessante notar que todos eles são identificados com referências aos seus olhos, ainda que não possam enxergar nada.

---

1.  José Saramago, *Ensaio sobre a Cegueira*, São Paulo, Companhia das Letras, 1995.

*Ensaio sobre a Cegueira*: A Luz Perdida dos (nos) Olhos ♦ 83

A cegueira branca preocupa o governo e as autoridades da saúde pública, de maneira que todos os afetados pela "doença" acabam sendo retirados do convívio social e levados para um alojamento improvisado que manteria os novos cegos em total isolamento. O médico é uma dessas pessoas levadas à quarentena, e sua mulher, que não tinha sido afetada pela epidemia, resolve acompanhá-lo, passando-se por cega.

A atitude do governo, embora possa ser justificada pelo perigo da proliferação de uma grave enfermidade cujas causas são desconhecidas, não deixa de ser altamente preconceituosa, pois obriga os cegos a sozinhos encontrarem um modo de sobreviver. O máximo que o governo oferece, de uma cautelosa distância, são produtos higiênicos e refeições programadas. Não se diga, entretanto, que o romance pretende apenas criticar os governantes, já que, mais do que isso, o objetivo parece ser mostrar sua incapacidade de agir em situações de emergência, incapacidade esta que reside num egoísmo (que se recrudesce nos momentos de pânico e desespero) quase natural dos seres humanos.

Nesse alojamento, Saramago promove uma verdadeira revolução nas relações humanas, que vão ser pautadas pelos instintos: desde os violentos e agressivos até os ternos e solidários. O toque substitui o olhar, o tato substitui a visão. As necessidades afetivas, os desejos carnais, as disputas pela comida, a formação de novas amizades, tudo é reestruturado e as pessoas são obrigadas a reaprender a viver.

A linguagem do romancista vai acompanhando esse reaprendizado, e não são raras as cenas em que a narrativa adquire contornos naturalistas:

84 • Saramago – Um Roteiro para os Romances

Ouviram-se gritos na camarata do lado, depois fez-se silêncio, se alguém chorava fazia-o baixinho, o choro não atravessava as paredes. A mulher do médico foi ver como se encontrava o doente, Sou eu, disse-lhe, e levantou cuidadosamente a manta. A perna tinha um aspecto assustador, inchada toda por igual desde a coxa, e a ferida, um círculo negro com laivos arroxeados, sanguinolentos, alargara-se muito, como se a carne tivesse sido repuxada de dentro. Desprendia um cheiro ao mesmo tempo fétido e adocicado (p. 75).

Em pouco tempo, a epidemia deixa o alojamento e todos, exceto a mulher do médico, são acometidos pela onda de cegueira branca. O alojamento, portanto, acabou funcionando como uma representação sinedóquica de tudo aquilo que aconteceria na cidade, que fica inteira de quarentena.

Os efeitos da epidemia são avassaladores, típicos de uma guerra. As pessoas morrem nas ruas e não há quem as enterre, a falta de alimentos é generalizada, a competição pela sobrevivência promove lutas mortais, os elos familiares são desfeitos, o mau cheiro impregna todo o ar e, talvez por tudo isso, as esperanças de cura e de salvação vão desaparecendo.

Formam-se então pequenos grupos de cegos, que unidos tentam driblar o caos a que estavam submetidos. O grupo central do romance é composto pelo médico, pela mulher do médico (estes dois podem ser considerados os personagens principais de *Ensaio sobre a Cegueira*), pela rapariga dos óculos escuros, pelo velho da venda preta, pelo rapazinho estrábico, pelo primeiro cego e pela sua mulher. O ajudante da farmácia, o escritor ou a velha do primeiro andar, que aparecem pontualmente na narrativa, seriam personagens secundárias.

É curioso que Saramago não nomeie as personagens do seu romance, deixando-as num suposto anonimato (suposto porque elas são a todo tempo individualizadas). Essa ausência de nomes cria um efeito universalizante, constatando que as grandes desgraças igualam os seres humanos nos medos, nas necessidades e nos sonhos. Também não há, em *Ensaio sobre a Cegueira*, referência precisa ao espaço dos acontecimentos, tudo se dá numa cidade em que nem as ruas são nomeadas. Isso reforça a ideia de universalização do texto, que cria uma fantástica alegoria em cima de um destino possível da humanidade.

A mulher do médico, que não perdeu a visão (repita-se), torna-se o guia do bando de cegos. E é justamente ela que faz a reflexão – poder-se-ia escrever revelação – mais importante de todo o livro, ao falar sobre o peso de sua responsabilidade, "responsabilidade", escreve Saramago, "de ter olhos quando os outros os perderam". Essa frase explicita a direção argumentativa do romance, à medida que faz com que o leitor perceba toda a metáfora dessa onda de cegueira, que figurativiza a alienação, a massificação, a perda da individualidade. A pior coisa do mundo é apenas olhar: olhar e não ver. O que *Ensaio sobre a Cegueira* faz é sugerir que nós já estaríamos cegos.

A parábola dessa estranha cegueira branca aponta para a certeza de que as pessoas não vivem na escuridão, mas sim num "mar de leite"; porque uma coisa é não deixarem que você veja nada e outra coisa é obrigarem que você olhe tudo. No primeiro caso, a cegueira é negra; no segundo, é branca, pois de tanto olhar as pessoas param de ver, de reparar, de distinguir.

Para confirmar essa leitura, vale lembrar que Saramago emprega como epígrafe do romance uma frase, de um fictício *Livro dos Conselhos*, que diria:

86 ◆ Saramago – Um Roteiro para os Romances

*Se podes olhar, vê; se podes ver, repara* (p. 9).

No fundo, tanto numa cegueira branca, quanto numa negra, os efeitos são os mesmos: perde-se a visão. Mas as causas das cegueiras são diferentes: a negra é a falta de cores, a branca é o excesso. Aquela precisa dos remédios, já esta necessita apenas da capacidade ver, de reparar, de distinguir, de compreender.

O final do romance é o final da epidemia, quando uma a uma as pessoas voltam a enxergar. Neste instante da narrativa, essas considerações anteriores ficam comprovadas:

O rapazinho estrábico murmurava, devia de estar metido num sonho, talvez estivesse a ver a mãe, a perguntar-lhe, Vês-me, já me vês. A mulher do médico perguntou, E eles, e o médico disse, Este, provavelmente, estará curado quando acordar, com os outros não será diferente, o mais certo é que estejam agora mesmo a recuperar a vista, quem vai apanhar um susto, coitado, é o nosso homem da venda preta, Porquê, Por causa da catarata, depois de todo tempo que passou desde que o examinei, deve estar como uma nuvem opaca, Vai ficar cego, Não, logo que a vida estiver normalizada, que tudo comece a funcionar, opero-o, será uma questão de semanas, Por que foi que cegámos, Não sei, talvez um dia se chegue a conhecer a razão, Queres que te diga o que penso, Diz, Penso que não cegámos, penso que estamos cegos, Cegos que veem, Cegos que, vendo, não veem.

A mulher do médico levantou-se e foi à janela. Olhou para baixo, para a rua coberta de lixo, para as pessoas que gritavam e cantavam. Depois levantou a cabeça para o céu e viu-o todo branco, Chegou a minha vez, pensou. O medo súbito fê-la baixar os olhos. A cidade ainda ali estava (p. 310).

A mulher do médico não cegou porque provavelmente era a única que tinha de fato consciência das próprias res

*Ensaio sobre a Cegueira*: A Luz Perdida dos (nos) Olhos ♦ 87

ponsabilidades. O recado estava dado: as pessoas recuperaram a capacidade de ver. Que elas a usem da melhor maneira possível. Ou voltem à cegueira branca, da qual algumas nunca vão sair...

# 8

## As Marcas de um Estilo Inconfundível

No começo deste estudo, fez-se um breve histórico da carreira de Saramago, identificando-o como um escritor que ultrapassou sua formação neorrealista (e mesmo realista-naturalista) para atingir uma literatura mais experimental, que encontra par no Realismo Fantástico. Agora, passa-se a esboçar certas marcas do seu estilo pessoal: algumas são pura originalidade, outras remontam a elementos tradicionais da técnica romanesca.

Quando Saramago publicou *Terra do Pecado*, os sinais de pontuação que ele utilizava não chamavam atenção, mesmo porque eles eram usados como manda a tradição escrita. A partir de *Levantado do Chão*, no entanto, o romancista procedeu a uma revolução, em que toda a pontuação foi substituída apenas por vírgulas e pontos finais. Nada de pontos de exclamação ou de interrogação; sumiram também as aspas, os travessões, o ponto e vírgula, os dois-pontos, as reticências. Sobre o surgimento dessa ideia, diz Saramago:

Essa ideia não surgiu, simplesmente nasceu. Foi quando estava no princípio de *Levantado do Chão* que, subitamente, sem qualquer reflexão prévia, se soltou o relato, como se, em vez de escrever, eu estivesse a falar[1].

De fato, o romancista na sua obra voltou à base da oralidade, em que toda pontuação foi substituída por pausas longas ou breves, exatamente como ocorre na fala. O problema é que, no ato de leitura, sente-se falta da entonação das conversas cotidianas, o que faz com que o texto de Saramago, paradoxalmente, apesar de recuperar a tradição oral dos contadores de histórias, seja de difícil intelecção justamente pela ausência dos sinais de pontuação, tão caros à linguagem escrita.

O discurso direto, nesse contexto, torna-se uma das grandes marcas de originalidade do texto, pois ele vem introduzido por letras maiúsculas logo após uma vírgula; a mudança de interlocutor é indicada da mesma maneira: vírgula e letra maiúscula. Vejamos dois exemplos de tudo isso que foi dito sobre essa inusitada pontuação, retirados de *A Jangada de Pedra*:

Beijaram-se [Joana Carda e José Anaiço] em ânsia, sôfregos, não foi um relâmpago mas uma sucessão deles, as palavras foram menos, é difícil falar num beijo, mas enfim, passados minutos, puderam ouvir-se, Gosto de ti, creio que te amo, disse José Anaiço honestamente, Também eu gosto de ti, e também creio que te amo, por isso te beijei ontem, não, não é bem assim, não te teria beijado se não sentisse que te amava, mas posso amar-te muito mais, Nada sabes de mim, Se uma pessoa, para gostar doutra, estivesse à espera de conhecê-la, não lhe chegaria a vida inteira [...] (pp. 149-150).

---

1. Entrevista exclusiva.

As Marcas de um Estilo Inconfundível ♦ 91

[...] aproveitam, diriam, como aconselhou o poeta, Carpe diem, o mérito destas velhas citações latinas está em conterem um mundo de significações segundas e terceiras, sem contar com as latentes e indefinidas, que quando a gente vai a traduzir, Goza a vida, por exemplo, fica uma coisinha frouxa, insossa, que não merece sequer o esforço de a tentarmos. Por isso insistimos em dizer, Carpe diem, e sentimo-nos como deuses que tivessem decidido não ser eternos para poderem, no exacto sentido da expressão, aproveitar o tempo (p. 227).

Estes dois excertos, exemplos dessa pontuação inovadora do romancista, apontam para uma outra característica de sua literatura: a identificação com o Barroco. Essa identificação parece lícita porque um texto que só utiliza vírgulas e pontos finais tem uma tendência quase natural a alongar os períodos, salpicando-os com trocadilhos, floreios verbais, inversões sintáticas, quiasmos, ironias metalinguísticas. Tudo isso faz lembrar os grandes nomes do conceptismo do século XVII, e o próprio Saramago reconhece essa influência, embora com ressalvas. Numa entrevista a José Castello, quando este lhe perguntou se o Barroco lhe significaria alguma coisa, ele respondeu:

Posso reconhecer que sim. Esse tipo de frase envolvente, quase interminável, que faz rodeios, volta atrás. Se isso tem algo a ver com o barroco, aceito que sim. Mas também é certo que reduzir um estilo a uma etiqueta não é nada bom. Parece que fica tudo dito, mas no fundo o principal permanece de fora[2].

Não se pretende aqui, evidentemente, reduzir um estilo a uma etiqueta, mas ninguém discorda que essa identificação é pertinente. Aliás, dos seis romances estudados, *Memorial do*

2.   Em *O Estado de S. Paulo*, 21 de setembro de 1996, pp. D-4 e D-5.

*Convento*, por ser ambientado no começo do século XVIII, é a maior prova dessa identificação, sendo todo permeado por referências ao Barroco português, o que se manifesta claramente na linguagem de Saramago. Vejamos o primeiro parágrafo do romance:

D. João, quinto do nome da tabela real, irá esta noite ao quarto de sua mulher, D. Maria Ana Josefa, que chegou há mais de dois anos da Áustria para dar infantes à coroa portuguesa e até hoje ainda não emprenhou. Já se murmura na corte, dentro e fora do palácio, que a rainha, provavelmente, tem a madre seca, insinuação muito resguardada de orelhas e bocas delatoras e que só entre íntimos se confia. Que caiba a culpa ao rei, nem pensar, primeiro porque a esterilidade não é mal dos homens, das mulheres sim, por isso são repudiadas tantas vezes, e segundo, material prova, se necessária ela fosse, porque abundam no reino bastardos da real semente e ainda agora a procissão vai na praça. Além disso, quem se extenua a implorar ao céu um filho não é o rei, mas a rainha, e também por duas razões. A primeira razão é que um rei, e ainda mais se de Portugal for, não pede o que unicamente está em seu poder dar, a segunda razão porque sendo a mulher, naturalmente, vaso de receber, há-de ser naturalmente suplicante, tanto em novenas organizadas como em orações ocasionais. Mas nem a persistência do rei, que, salvo dificultação canônica ou impedimento fisiológico, duas vezes por semana cumpre vigorosamente o seu dever real e conjugal, nem a paciência e humildade da rainha que, a mais das preces, se sacrifica a uma imobilidade total depois de retirar-se de si e da cama o esposo, para que se não perturbem em seu gerativo acomodamento os líquidos comuns, escassos os seus por falta de estímulo e tempo, e cristianíssima retenção moral, pródigos os do soberano, como se espera de um homem que ainda não fez vinte e dois anos, nem isto nem aquilo fizeram inchar até hoje a barriga de D. Maria Ana. Mas Deus é grande (pp. 11-12).

Essa passagem cria uma série de rodeios verbais, que metaforizam não só a época em que se passa o romance, mas também a própria dificuldade que os soberanos estavam tendo para conseguir um herdeiro ao trono, como se os períodos longos cortados por vírgulas pudessem representar o árduo caminho dos "líquidos comuns" de D. João e D. Maria Ana. Além disso, este trecho promove a fusão do sacro e do profano (a "retenção moral" da rainha vem ao lado dos "bastardos da real semente"), o que não deixa de ser uma manifestação possível dos típicos conflitos do Barroco.

Ainda nessa passagem fica patente a ironia do discurso narrativo de Saramago, principalmente pela última frase do parágrafo, que, se comparada à maneira jocosa como é tratada a religião no romance, soa inevitavelmente irônica, tanto mais se notarmos que todo o excerto brinca com o apetite sexual do rei, que desrespeita a moral católica, e com a hipocrisia do absolutismo monárquico, impregnado de machismo. Aliás, são bastante comuns essas ironias religiosas no *Memorial do Convento*, e seus efeitos corrosivos são amplificados pela maneira natural como o narrador coloca lado a lado a devoção a Cristo e a luxúria.

Há, aqui, especificamente uma passagem sarcástica que merece ser destacada: trata-se de uma conversa entre o padre Bartolomeu e Baltasar Sete-Sóis, em que este é convidado a participar do projeto de construção da famigerada passarola.

> Eu não sei nada, sou um homem do campo, mais do que isso só me ensinaram a matar, e assim como me acho, sem esta mão, Com essa mão e esse gancho podes fazer tudo quanto quiseres, e há coisas que um gancho faz melhor que a mão completa, um gancho não sente dores se tiver de segurar um arame ou um ferro, nem se corta, nem se queima, e eu te digo que maneta é Deus, e fez o universo.

Baltasar recuou assustado, persignou-se rapidamente, como para não dar tempo ao diabo de concluir as suas obras, Que está a dizer, padre Bartolomeu Lourenço, onde é que se escreveu que Deus é maneta, Ninguém escreveu, não está escrito, só eu digo que Deus não tem a mão esquerda, porque é à sua direita, à sua mão direita que se sentam os eleitos, não se fala nunca da mão esquerda de Deus, nem as Sagradas Escrituras, nem os Doutores da Igreja, à esquerda de Deus não se senta ninguém, é o vazio, o nada, a ausência, portanto Deus é maneta. Respirou fundo o padre, e concluiu, Da mão esquerda (p. 68).

Dizer apenas que Deus é maneta já seria curioso, dizer então que Deus é maneta, e da mão esquerda, adquire evidentes contornos sarcásticos, mais ainda se lembrarmos que a frase veio da boca de um padre.

Na obra de Saramago, às vezes é necessário transpor os limites aparentes do texto, recorrendo a manobras interdiscursivas para compreender com mais precisão os sentidos de certas passagens, como ocorre com esta última. Sabe-se que a palavra "esquerda" tem uma conotação ligeiramente negativa, afinal ela se opõe à palavra "direita", que significa correta, certa, destra. Portanto a "esquerda" seria a mão errada, incorreta, torta (para lembrar o *gauche* drummondiano). Saramago se aproveita dessa simbologia conhecida para dizer que Deus não tem capacidade para ajudar quem está à Sua esquerda, justamente por Lhe faltar a mão canhota. Ora, dito isso, percebe-se que a ideia do padre pode receber, segundo o nosso ideário contemporâneo, uma interpretação de fundo político. Voltemos à Revolução Francesa. Durante a chamada Convenção Nacional, formaram-se basicamente dois blocos políticos de interesses antagônicos: os girondinos, representantes da alta burguesia, que ficavam à direita do plenário, e os jacobinos, representantes dos interesses populares, que se situavam mais à esquerda. Desde então, e principalmente no século XX, os simpatizantes do liberalismo são identificados como direitistas e os adeptos do socialismo como esquerdistas. Segundo essa terminologia, o comunismo estaria na extrema esquerda, portanto sem nenhuma chance de receber ajuda divina, que (conforme a sátira do romance) só vai a socorro dos regimes de direita. Indo mais longe nessa questão da mão esquerda, lembre-se que há outros momentos, inclusive em outras narrativas, em que é dada importância à mão canhota, ou à sua ausência. Um exemplo seria *O Ano da Morte de Ricardo Reis*, quando se ressalta, mais de uma vez, que a mão que Marcenda possui paralisada é a esquerda; também em *História do Cerco de Lisboa*, quando Raimundo Silva abraça Maria Sara no final do romance, faz-se questão de avisar que é mão esquerda do revisor que acaricia a face da supervisora. A mão esquerda chega, pois, a ser um símbolo literário: a mão que Deus e Baltasar não tinham, que Raimundo tinha e que Marcenda, apesar de tê-la, não podia usá-la; a "mãozinha", enfim, que não foi dada aos comunistas...

Essa interpretação política do significado da mão esquerda de Deus foge da ambientação do *Memorial do Convento*, que se passa na primeira metade do século XVIII. Poder-se-ia alegar então que é um anacronismo explicar o romance levando em conta acontecimentos que se deram após a época histórica de sua fábula. Mas é bom que se diga também que os narradores dos seis romances estudados de Saramago, sempre oniscientes e sempre em terceira pessoa, fazem questão de explicar os fatos históricos, mantendo uma distância temporal considerável deles, olhando o passado (principalmente em *Memorial do Convento* e *O Evangelho Segundo*

*Jesus Cristo*) com olhos do presente[3]. Tanto é assim que no *Memorial do Convento* faz-se referência à obra de Fernando Pessoa, nascido em 1888, e ao avião, inventado apenas no século XX; já em O *Evangelho Segundo Jesus Cristo* também se fala de Pessoa e são profetizados vários atos da Igreja Católica, como a Inquisição ou as Cruzadas, muito posteriores ao nascimento de Jesus. Em ambos os casos, o narrador se coloca na época da redação do texto, deixando claro que sua postura crítica está embasada nessa disjunção temporal entre a enunciação e o enunciado.

Como somos tentados a identificar nos narradores que Saramago cria, até mesmo por causa da tradição crítica que procura vincular a obra do escritor à sua biografia, uma série de opiniões do próprio autor (como o pessimismo, o ateísmo e o comunismo), subjacentes aos enunciados, é preciso fazer algumas ressalvas, para que não haja uma indesejável confusão entre narrador e autor, que são duas categorias distintas do processo de produção do texto.

É praticamente um lugar-comum aceitar que todo autor, ao criar os seus narradores, acaba projetando neles, em algum momento, traços das suas idiossincrasias, o que justificaria o surgimento, na história da literatura, de tantos romances baseados em fatos reais ou simplesmente autobiográficos. No caso de Saramago, essa crença ganha ainda mais força, pois como o próprio escritor já deu inúmeras entrevistas sobre a própria obra e sobre suas crenças pessoais, há uma tendência de supor que o homem José Saramago, de carne e osso, é que narra suas histórias.

---

3.  Teresa Cristina Cerdeira da Silva, *Entre a História e a Ficção: Uma Saga de Portugueses*, Lisboa, Publicações Dom Quixote, 1989, p. 27.

Tecnicamente, o que se pode dizer é que seus narradores, apesar de estarem em terceira pessoa, não se privam de utilizar a primeira pessoa (normalmente, do plural) para emitir opiniões, fazer ironias, discutir ideias. Há, portanto, a valorização de um narrador "intruso", que não participa dos acontecimentos da fábula, mas está sempre presente no discurso. É verdade que as opiniões emitidas são do próprio Saramago, mas não do homem, e sim da *persona* literária criada para comandar essas narrativas. Essa *persona* — que os estudos linguísticos têm chamado de enunciador — está num nível acima do do narrador, na medida em que é responsável não pela produção isolada de um romance, mas sim pela totalidade da obra.

Aliás, o próprio Saramago já interveio nessa discussão. Na conferência promovida no Masp em 1996 (à qual se fez referência no capítulo 4), o escritor disse que faria uma afirmação que poderia chocar os estudiosos da Literatura, mas que lhe fazia pleno sentido, afirmando que, para ele, narrador e autor são a mesma coisa. Não são: narrador é quem narra, enunciador é quem comanda o narrador, e autor é a pessoa do mundo real que escreveu o texto. Os dois primeiros são categorias literárias; o último não. Neste estudo — agora vale a pena a justificativa —, empregamos o nome "Saramago" para definir o enunciador dos romances, ou seja, o destinador do discurso, o ator que está no centro da criação literária. É certo que até podemos, se analisarmos as declarações do próprio Saramago em entrevistas, aproveitá-las em nossa análise, mas, nesse caso, é bom que se diga que quem fala nas entrevistas também é, de certo modo, o enunciador, e não um ser do mundo ontológico, que pouco interessaria aos estudos literários.

Aceitando-se então que o enunciador Saramago emite claramente opiniões dentro da sua narrativa, é necessário retomar que vários de seus romances têm como pano de fundo acontecimentos históricos importantes. É o que acontece em *Memorial do Convento*, *O Ano da Morte de Ricardo Reis*, *História do Cerco de Lisboa* e *O Evangelho Segundo Jesus Cristo*, respectivamente falando do absolutismo português do século XVIII, da guerra civil espanhola e da ditadura salazarista, da formação do Reino de Portugal e do surgimento do Cristianismo. Todos esses acontecimentos são revistos de uma maneira muito particular por Saramago, com o propósito de dessacralizar a História oficial, muitas vezes forjada em benefício de uma minoria, para redimensioná-la numa ótica popular e, sobretudo, humana. Esse compromisso de Saramago é o mesmo afinal dos grandes historiadores, como nota brilhantemente Teresa Cristina Cerdeira da Silva:

> Se aceitarmos como hipótese de trabalho [...] o facto de que a ficção e o discurso histórico perseguem, de modos diversos, a mesma finalidade: produzir imagem verbal da realidade, teremos também de aceitar, creio, estar o desejo de historicidade [...], mais explicitado mesmo, em determinados tipos de ficção[4].

Saramago disse certa vez:

> Benedetto Croce escreveu um dia: "Toda História é História Contemporânea". [...] Dito doutra maneira: tudo o que existiu continua a existir. Deste ponto de vista, tem igual importância para mim, no plano das ideias, escrever *O Evangelho Segundo Jesus Cristo*, *O Ano da Morte de Ricardo Reis* ou *Ensaio sobre a Cegueira*. Não há nada fora da História: a passada, a presente e a que ainda está por vir[5].

4. Teresa Cristina Cerdeira da Silva, *op. cit.*, p. 29.
5. Entrevista exclusiva.

Ele seria então uma espécie de historiador à procura de uma verdade que pode estar escondida sob o manto da criação artística. Para tal, ele se vale, entre outras coisas, da humanização da História, criando personagens (baseados ou não em fatos documentados) que apresentam dramas verossímeis, pois são comuns a todas as pessoas. Por um lado, isso torna a História mais palpável, mais real, mais verdadeira; e por outro universaliza o discurso do romance, deixando-o próximo dos dramas dos leitores, que se identificam com os fatos narrados.

A esta altura, pode-se recorrer a alguns conceitos do *new historicism*[6], que afirmava que a obra literária não pode ser vista isoladamente dentro do grupo das práticas sociais. Além disso, pregava, segundo Ivan Teixeira,

[...] que o discurso historiográfico possui a mesma natureza do discurso literário [...]. Estabelece-se, assim, uma relação de homologia entre história e literatura, e não apenas uma relação de complementaridade. As manifestações culturais de um período nada mais são do que uma constelação de signos da realidade que as compõe[7].

Transpondo essas ideias para nosso objeto de estudo, podemos dizer que Saramago embaralha um pouco essas noções críticas, na medida em que História e ficção se fundem em parte de seus romances, sendo que esta muitas vezes

6. Segundo Ivan Teixeira (revista *Cult*, número 17, dezembro de 1998, p. 32), no artigo "Fortuna Crítica 6", "O movimento crítico hoje conhecido como *new historicism* originou-se nos Estados Unidos, em 1988, por meio de propostas apresentadas por Stephen Greenblatt [...]. Em franca oposição à orientação linguística de análise textual defendida pelo estruturalismo e pelos remanescentes do *new criticism*, [o *new historicism*] tinha por objetivo restaurar polemicamente a dimensão histórica dos estudos literários".

7. *Idem*, p. 33.

nasce potencialmente daquela. Isso pode ser verificado em *Memorial do Convento*, O *Ano da Morte de Ricardo Reis* e O *Evangelho Segundo Jesus Cristo* e, em menor grau, em *História do Cerco de Lisboa*, pois essas narrativas se mantêm presas aos processos históricos, até mesmo dependendo deles. Num primeiro momento, poder-se-ia dizer que a apropriação que o romancista faz do discurso histórico é uma intertextualidade louvável, que comprova a "homologia entre história e literatura". Porém uma análise mais atenta mostrará que essa apropriação priva o autor de representar diretamente determinadas práticas sociais, já que essa representação (que é a base tradicional do romance) é feita por intermédio do discurso da História, seja ela oficial ou não. Portanto, quando Saramago faz isso, ele corre o risco de que sua representação da sociedade, por ser feita de modo mediato, seja limitada. Como exemplo, podemos lembrar as figuras de Jesus, de Pessoa ou do padre Bartolomeu, que são personagens que nasceram na História e foram trazidas à ficção com algumas características já concebidas: esse procedimento, embora criativo, pode impedir (principalmente em excesso) o escritor de desenvolver plenamente sua narrativa. Mas esse risco, que está em todo romance histórico, parece-nos inevitável.

Também é importante notar o gosto de Saramago por pessoas comuns, bem longe das caracterizações maniqueístas dos românticos ou dos retratos estereotipados dos naturalistas. Os seis romances estudados apresentam essas personagens comuns: o revisor de textos Raimundo Silva, a arrumadeira de hotel Lídia, o farmacêutico Pedro Orce, o soldado Baltasar Mateus, o carpinteiro José, o primeiro cego. Exceto Jesus e Blimunda, que têm poderes especiais, todas as demais personagens são absolutamente terrenas, não possuindo nenhum traço de idealização: os homens não são príncipes encantados, pelo contrário, eles têm profissões comuns e dúvidas comuns; já as mulheres não são conhecidas por sua beleza, mantendo-se bem afastadas do modelo da virgem inatingível. Essa falta de dons especiais faz, curiosamente, com que as personagens de Saramago sejam em certa medida encantadoras e, por que não dizer, poéticas, afinal elas são mostradas com uma aura de humanismo tão grande que é impossível não encontrar nelas, usando uma expressão do romancista, "os ecos das próprias inquietações".

Essas personagens comuns saem quase todas do anonimato para serem protagonistas da História, que apresenta, como já foi dito, uma inversão de papéis, um "mundo às avessas", que lembra o conceito bakhtiniano de carnavalização.

Segundo Bakthin, há três raízes básicas para o gênero romanesco: a épica, a retórica e a carnavalesca. Esta última corresponde à "cosmovisão carnavalesca", que se caracteriza pela valorização da atualidade viva (em que se abandona o "passado absoluto de mitos e lendas"), da fantasia livre e da multiplicidade de estilos e vozes dentro da narrativa. Os textos que adotam essa visão de mundo, conforme afirma o estudioso,

[...] renunciam à unidade estilística (em termos rigorosos, à unicidade estilística) da epopeia, da tragédia, da retórica elevada e da lírica. Caracterizam-se pela politonalidade da narração, pela fusão do sublime e do vulgar, do sério e do cômico, empregam amplamente os gêneros intercalados: cartas, manuscritos encontrados, diálogos relatados, paródia dos gêneros elevados, citações recriadas em paródia etc.[8]

8.  Mikhail Bakhtin, *op. cit.*, pp. 106-109.

Todas essas características parece caírem como uma luva no estilo de Saramago, não só em relação ao *Memorial do Convento*, como já notou Odil de Oliveira Filho[9], mas em relação também aos outros cinco romances, exemplos múltiplos de uma literatura que é o próprio carnaval.

9. Odil José de Oliveira Filho, *op. cit.*, pp. 41-66.

# 9

## A Intertextualidade

De todas as características da obra de Saramago, a mais importante, por ser a mais renitente, é a intertextualidade, baseada no uso repetido da paródia. Vários nomes da literatura portuguesa desfilam entre as frases dos romances estudados, criando um discurso polifônico. Vale lembrar que o romancista, na maioria das vezes, não avisa ao leitor que está usando o recurso paródico, de maneira que identificar essas relações intertextuais se torna uma tarefa difícil, pois é necessário perceber no meio daqueles longos parágrafos, de repente, um verso de *Os Lusíadas* ou um trecho do *Mensagem*.

Sabe-se que atualmente José Saramago está traduzido em mais de vinte idiomas, o que desperta uma curiosidade aos falantes da língua portuguesa: como os tradutores fazem para manter a força da intertextualidade dos romances de Saramago num outro idioma? Será que o livro não perde um pouco de sua magia, que está assentada na paródia? Sobre esse problema, Saramago reflete:

[...] há efetivamente um ponto que deveria ser considerado na altura da tradução: o ideal seria que os tradutores pudessem dispor também das passagens citadas, não isoladamente, mas no seu contexto próprio[1].

Quando Saramago diz isso, ele reconhece o peso que essas passagens citadas têm em sua obra e o quanto os leitores perdem se não conseguem identificá-las. Aliás, o romancista sempre defendeu a importância das relações intertextuais nos seus livros, independentemente de elas serem bem vistas ou não. Comentando o fato de essas relações terem se tornado um pouco mais recentemente uma verdadeira moda nos estudos literários, ele diz:

> Os seres humanos são seres intertextuais e sempre o foram: a cultura, em sentido muito amplo, é a intertextualidade por excelência. O que me surpreende é que ela se tenha convertido numa moda, quando deveria dar-se-lhe uma atenção permanente em todos os ramos do saber, e não apenas nos estudos literários[2].

Dos seis romances que compõem este estudo, a intertextualidade aparece insistentemente em *Memorial do Convento*, *O Ano da Morte de Ricardo Reis*, *História do Cerco de Lisboa* e *O Evangelho Segundo Jesus Cristo*, um pouco menos em *A Jangada de Pedra*, e menos ainda em *Ensaio sobre a Cegueira*. Principalmente poetas surgem a todo tempo no discurso de Saramago: Pessoa e seus heterônimos, Camões, Garrett, Pessanha, João de Deus. Surgem também referências ao Judeu (pseudônimo do teatrólogo brasileiro, radicado em Portugal, Antônio José da Silva) e a Vieira, além dos diálogos com trechos bíblicos. Tudo isso dissemi-

1. Entrevista exclusiva.
2. *Idem*.

nado pelo texto com bastante naturalidade. Vamos a alguns exemplos.

A primeira frase de *O Ano da Morte de Ricardo Reis* é enigmática para um leitor comum: "Aqui o mar acaba e a terra principia". A última frase do romance, igualmente enigmática, dialoga com a primeira: "Aqui, onde o mar se acabou e a terra espera". Se não se percebe que há embutida nelas uma alusão intertextual, o enigma não se desfaz. No terceiro canto de *Os Lusíadas*, Camões descreve o momento em que a esquadra de Vasco da Gama ancora em Melinde, na costa oriental da África. Num banquete oferecido pelo rei local, o navegador descreve a localização geográfica de Portugal, comparando a Europa a um corpo humano:

> Eis aqui, quase cume da cabeça
> De Europa toda, o Reino Lusitano,
> Onde a terra se acaba e o mar começa
> E onde Febo repousa no oceano. [...][3]
>
> Canto III, estrofe 20.

O terceiro verso transcrito explicita a paródia: Camões queria dizer que Portugal estava no extremo oeste do continente, de frente para o Atlântico, e, mais do que isso, que Portugal era o país que enxergava "mais longe" no mar, afinal era o lugar em que o sol ("Febo") se punha por último. Metaforicamente, o poeta pretendia lembrar que o "Reino Lusitano" era o local em que a mediocridade e os problemas tinham fim ("a terra se acaba"), para dar início ao sonho dos imensos empreendimentos marítimos, que aparece figura-

---

3. Luís de Camões, *Obras Completas* (*volume IV – Os Lusíadas I*), Lisboa, Sá da Costa, 1947, p. 120.

tivizado na imagem do "mar". Já na primeira frase do romance, o verso camoniano tem os substantivos invertidos, na clara intenção de mostrar que as conquistas dos séculos XV e XVI fazem parte do passado ("o mar acaba") e são os problemas ("terra"), anteriormente inexistentes, que têm agora importância, principiam. Lembre-se que *O Ano da Morte de Ricardo Reis* trata de um ano complicado para a Europa, com o crescimento vertiginoso dos regimes nacionalistas de direita. O final do romance, entretanto, abandona o pessimismo inicial: "principia" dá lugar a "espera", o que cria uma mensagem de esperança[4], que pode lembrar a velha questão sebastianista. Se quiséssemos ir ainda mais longe, poder-se-ia dizer que essa esperança semelha aquela de Fernando Pessoa no último verso de um dos poemas do seu *Mensagem,* que por sua vez já dialogava com a tradição de *Os Lusíadas*:

> Senhor, falta cumprir-se Portugal![5]
>
> > "O Infante", Segunda parte.

Essa relação com *Mensagem* se torna ainda mais pertinente quando se recorda que os poemas do livro mantêm constante diálogo com a epopeia de Camões, ainda que o poeta não seja citado literalmente por Pessoa. Um exemplo desse diálogo está no primeiro poema de *Mensagem*, em que a Europa também é comparada a um corpo humano, sendo a Península Ibérica o rosto do continente e Portugal seus

---

4. Essa mensagem de esperança em *O Ano da Morte de Ricardo Reis*, a despeito de todo o pessimismo de Saramago, é análoga à de *A Jangada de Pedra*, quando o fato de a Península Ibérica ter estacionado no meio do Atlântico pode ser visto como uma expectativa de melhores dias para portugueses e espanhóis, agora longe dos "problemas" da Europa.

5. Fernando Pessoa, *op. cit.*, p. 78.

olhos. Retomando novamente o romance *A Jangada de Pedra*, e associando-o a essa representação da Europa, não seria absurdo sugerir que Saramago estaria contando, na realidade, a história de um continente que perdeu a cabeça...

Camões, que aparece constantemente nos nossos seis romances, também tem um lugar de destaque no *Memorial do Convento*, quando se narra o recrutamento, à força, de praticamente todos os homens portugueses em idade de trabalho, para que o palácio-mosteiro de Mafra fosse inaugurado na data determinada por D. João V.

Já vai andando a récua dos homens de Arganil, acompanham-nos até fora da vila as infelizes, que vão clamando, *qual em cabelo, Ó doce e amado esposo*, e outra protestando, *Ó filho, a quem eu tinha só para refrigério e doce amparo desta cansada já velhice minha*, não se acabavam as lamentações, tanto que *os montes de mais perto respondiam, quase movidos de alta piedade*, enfim já os levados se afastam, vão sumir-se na volta do caminho, rasos de lágrimas os olhos, em bagadas caindo aos mais sensíveis, e então uma grande voz se levanta, é um labrego de tanta idade já que o não quiseram, e grita subido a um valado, que é púlpito dos rústicos, *Ó glória de mandar, Ó vã cobiça, Ó rei infame, Ó pátria sem justiça*, e tendo assim clamado, veio dar-lhe o quadrilheiro uma cacetada na cabeça, que ali mesmo o deixou por morto (p. 293). [grifos nossos]

Os trechos em itálico foram extraídos integralmente de *Os Lusíadas*, especificamente de um de seus momentos mais célebres, o episódio do Velho do Restelo:

Qual vai dizendo: – "*Ó filho, a quem eu tinha*
*Só pera refrigério e doce amparo*
*Desta cansada já velhice minha,*
Que em choro acabará penoso e amaro:

Porque me deixas, mísera e mesquinha?
Porque de mim te vás, ó filho caro,
A fazer o funéreo enterramento
Onde sejas de peixes mantimento?"

*Qual em cabelo:* – "*Ó doce e amado e esposo,*
Sem quem não quis Amor que viver possa:
Por que is aventurar ao mar iroso
Essa vida que é minha e não é vossa?
Como por um caminho duvidoso,
Vos esquece a feição tão doce nossa?
Nosso amor, nosso vão contentamento,
Quereis que com as velas leve o vento?"

Nestas e outras palavras que diziam,
De amor e de piedosa humanidade,
Os homens e os mininos as seguiam,
Em quem menos esforço põe a idade.
*Os montes de mais perto respondiam,*
*Quase movidos de alta piedade;*
A branca areia as lágrimas banhavam,
Que em multidão com elas se igualavam.

[...]

Mas um velho de aspeito venerando,
Que ficava nas praias, entre a gente,
Postos em nós os olhos, meneando
Três vezes a cabeça, descontente,
A voz pesada um pouco alevantando,
Que nós no mar ouvimos claramente,
Cum saber só de experiências feito,
Tais palavras tirou do experto peito:

"*Ó glória de mandar, ó vã cobiça*
Desta vaidade a quem chamamos Fama!" [...][6]

Canto IV, estrofes 94–95. [grifos nossos]

Saramago parodia o texto de Camões, com uma grande irreverência, que é perceptível em vários níveis: ocorre a mistura do sóbrio léxico camoniano com um vocabulário simples e coloquial ("cacetada"); a representação que se faz do Velho do Restelo é simbolicamente destruída, numa clara crítica aos excessos absolutistas de D. João V; o "velho de aspeito venerando" de *Os Lusíadas* se torna um "labrego"; inclui-se no texto do *Memorial do Convento*, em meio a outros versos camonianos ("Ó glória de mandar, ó vã cobiça"), uma frase que é um verso decassílabo heroico, "ó rei infame, ó pátria sem justiça", que apesar da rima e do metro não poderia ter sido escrito por Camões.

Além de Camões, Fernando Pessoa também é repetidamente lembrado por Saramago nessas relações intertextuais. *O Ano da Morte de Ricardo Reis* é o maior exemplo disso: só é possível entender o romance se se conhece a criação heteronímica de Pessoa. Versos de Álvaro de Campos, Ricardo Reis e Alberto Caeiro povoam toda a narrativa (como foi visto no capítulo 3), além de várias referências à poesia ortônima do autor de *Mensagem*. Neste trecho, há uma brincadeira com um dos poemas mais conhecidos de Campos:

[Ricardo Reis] Entra no Rossio e é como se estivesse numa encruzilhada, numa cruz de quatro ou oito caminhos, que andados e continuados irão dar, ao mesmo ponto, ou lugar, o infinito, por isso não nos vale a pena escolher um deles, chegando a hora deixemos esse cuidado ao acaso, que não escolhe, também o sabemos, limita-se a empurrar, por sua vez o empurraram forças de que nada sabemos, *e se soubéssemos, que saberíamos* (p. 92). [grifo nosso]

6.  Luís de Camões, *op. cit.*, pp. 238-239.

110 ♦ Saramago – Um Roteiro para os Romances

Saramago alude neste excerto a uma passagem do célebre poema "Tabacaria", escrito em 1928 e incluído nas *Poesias de Álvaro de Campos*:

> Janelas do meu quarto,
> Do meu quarto de um dos milhões do mundo que ninguém
> [sabe quem é
> (E se soubessem quem é, o que saberiam?)[7]

Em *O Ano da Morte de Ricardo Reis*, Saramago faz até uma intertextualidade com a literatura brasileira, citando um verso imortalizado na "Canção do Exílio", escrita por Gonçalves Dias quando estava em Portugal, em 1843, estudando Direito em Coimbra:

> Ai como é diferente o carnaval em Portugal. Lá nas terras de além e de Cabral, *onde canta o sabiá* e brilha o Cruzeiro do Sul, sob aquele céu glorioso, e o calor, e se o céu turvou, ao menos o calor não falta [...] (p. 159). [grifo nosso]

O Brasil, terra "onde canta o sabiá", aparece no romance como o exílio de Ricardo Reis, que (lembre-se) se expatriou por suas convicções monarquistas.

Mas é sobretudo Fernando Pessoa que está quase sempre em primeiro plano nessas relações intertextuais. Este último recebe, no *Memorial do Convento*, uma referência interessante:

> *Em seu trono entre o brilho das* estrelas, *com seu manto de noite e solidão, tem aos seus pés o mar novo e as mortas eras, o único imperador que tem, deveras, o globo mundo em sua mão*, este tal foi o infante D. Henri-

---

7. Fernando Pessoa, *op. cit.*, 1994, p. 362.

que, consoante o louvará um poeta por ora ainda não nascido, lá tem cada um as suas simpatias, mas, se é de globo mundo que se trata e de império e rendimentos que impérios dão, faz o infante D. Henrique fraca figura comparado com este D. João [...] (p. 227). [grifo nosso]

O "poeta por ora não nascido" é, evidentemente, Fernando Pessoa, e, retomando que o romance se passa no século XVIII, percebe-se a intenção de Saramago em deixar claro que o seu narrador é contemporâneo, olhando portanto o passado com um olhar do presente. O poema do *Mensagem* que serviu de base à paródia é o seguinte:

> Em seu throno entre o brilho das espheras,
> Com seu manto de noite e solidão,
> Tem aos pés o mar novo e as mortas eras –
> O unico imperador que tem, deveras,
> O globo mundo em sua mão[8].

"A cabeça do grypho / O infante D. Henrique", Primeira parte.

Além de modernizar a ortografia do texto, Saramago faz uma mudança no primeiro verso do poema, substituindo a palavra "espheras" por "estrelas". Isto poderia ser entendido como uma analogia ao próprio voo da passarola do padre Bartolomeu de Gusmão, que, movida a vontades humanas, colocadas dentro das "espheras" de âmbar, atingiria as estrelas do céu, onde por sua vez descansaria Pessoa ao lado do infante D. Henrique.

Em outras situações, um pouco mais inusitadas, Fernando Pessoa também aparece nos parágrafos de Saramago. Um exemplo está em O *Evangelho Segundo Jesus Cristo*, no mo-

---

8. Fernando Pessoa, *op. cit.*, 1994, p. 76.

mento em que há aquela conversa de quarenta dias entre Deus, Jesus e o Diabo. Quando Jesus pergunta ao Pai por que ele tinha vindo ao mundo, recebe o Filho uma longa explicação sobre a origem das maldades, das bondades e dos próprios deuses, até que surge uma revelação:

> Deus, se calado estava, calado ficou, porém do nevoeiro desceu uma voz que disse, Talvez este Deus e o que há-de vir não sejam mais do que heterônimos, De quem, De quê, perguntou, curiosa, outra voz, De Pessoa, foi o que se percebeu, mas também podia ter sido, Da Pessoa. Jesus, Deus e o Diabo começaram por fazer de conta que não tinham ouvido, mas logo a seguir entreolharam-se com susto, o medo comum é assim, une facilmente as diferenças (pp. 389-390).

No romance O *Evangelho Segundo Jesus Cristo*, entretanto, a mais importante intertextualidade feita é com os quatro evangelhos do *Novo Testamento*. O final do romance (já transcrito no capítulo 6) parodia a *Bíblia* de maneira estarrecedora, com uma imensa crítica em face dos desígnios divinos a respeito do nascimento do Catolicismo:

> Deus aparece, vestido como estivera na barca, e a sua voz ressoa por toda a terra, dizendo, *Tu és o meu Filho muito amado, em ti pus toda minha complacência*. Então Jesus compreendeu que viera trazido ao engano como se leva o cordeiro ao sacrifício, que a sua vida fora traçada para morrer assim desde o princípio dos princípios, e, subindo-lhe à lembrança o rio de sangue e de sofrimento que do seu lado irá nascer e alagar toda a terra, clamou para o céu aberto onde Deus sorria, *Homens, perdoai-lhe, porque ele não sabe o que fez* (p. 444). [grifos nossos]

Os dois trechos em itálico indicam as frases que Saramago foi buscar no discurso bíblico: a primeira está literalmente nas Sagradas Escrituras cristãs, no momento em que Jesus foi batizado (Mateus 3,17, Marcos 1,11 e Lucas 3,22); já a segunda foi modificada a partir de um versículo do *Evangelho Segundo São Lucas:*

Chegados que foram ao lugar chamado Calvário, ali o crucificaram, como também os ladrões, um à direita e outro à esquerda. E Jesus dizia: "Pai, perdoa-lhes, porque não sabem o que fazem". Eles dividiram as suas vestes e as soterraram.

Lucas 23,33-34[9]

As substituições, feitas por Saramago, do vocativo "Pai" por "Homens" e do objeto indireto "lhes" (que se refere aos homens) por "lhe" (que se refere a Deus), promovem uma inversão de valores do discurso bíblico, em que os homens deixam de ser os vilões para serem também mártires, como Jesus, apresentado como um cordeiro levado ao sacrifício em nome da megalomania do Pai. Por causa dessa inversão, a primeira frase que Saramago tira da *Bíblia* acaba se tornando uma manifestação da hipocrisia de Deus, dessacralizado, desmistificado e retirado do céu católico para vir representar a maldade na grande obra de ficção que é *O Evangelho Segundo Jesus Cristo.*

A intertextualidade com a *Bíblia*, inclusive com o *Velho Testamento*, é comum em outros romances do escritor. Um exemplo seria este trecho do *Ensaio sobre a Cegueira:*

A mulher do médico tinha perguntado, Que se terá passado com os bancos, não era que lhe importasse muito, apesar de ter confiado suas economias a um deles, fez a pergunta por simples curiosidade, apenas porque o pensou, nada mais, nem esperava que lhe respondessem, por exemplo assim, *No princípio, Deus criou os céus e a terra, a terra*

---

9. *Bíblia Sagrada,* tradução do Centro Bíblico Católico, São Paulo, Ave Maria, 1991, p. 1381.

era informe e vazia, as trevas cobriam o abismo, e o Espírito de Deus movia-se sobre a superfície das águas, em vez disso o que sucedeu foi o velho da venda preta dizer enquanto seguiam avenida abaixo, Pelo que pude saber quando ainda tinha um olho para ver, no princípio foi o diabo, as pessoas com medo de ficarem cegas e desmunidas, correram aos bancos para retirarem os seus dinheiros, achavam que deviam acautelar o futuro [...] (pp. 253-254). [grifo nosso]

Nessa passagem, faz-se referência aos dois primeiros versículos do *Gênesis*, para depois "Deus" ser trocado pelo "diabo", expressão que no contexto demonstra uma clara ambiguidade.

Todas estas relações intertextuais que foram apontadas reiteram a aproximação de Saramago a uma literatura experimental, em que a multiplicidade de vozes nos relatos atinge uma dimensão crítica que não perde de vista a criação artística e a originalidade. Todas as paródias têm uma dupla função: ao mesmo tempo em que dão ao texto uma aparência inovadora, elas são a ligação que o romancista estabelece com a tradição literária.

# 10

# Uma Hipótese de Trabalho:
# Talvez um Atalho no Bosque

Até agora procurou-se, dentro dos limites deste estudo, delinear alguns dos aspectos mais importantes da obra de José de Sousa Saramago, levando em conta seus seis romances publicados entre 1982 e 1995. Depois desses passeios pelo bosque de sua ficção, ousemos encontrar, não apenas um atalho, mas uma sugestão de análise em conjunto dos seis textos que nos serviram de base e, por extensão, uma hipótese interpretativa que poderia servir para dar uma visão global de todos os romances de Saramago. Eis a sugestão (mal comparando, como aquele soneto inacabado de Bentinho em *Dom Casmurro*) para quem quiser, se for o caso, levá-la adiante...

Com um pouco de atenção, é possível notar que *O Evangelho Segundo Jesus Cristo* é um divisor de águas na literatura de Saramago, não do ponto de vista estilístico, mas em relação ao eixo temático dos romances[1]. *Memorial do Convento*, falando sobre o reinado de D. João V, *O Ano da Morte de Ricardo*

---

1.  Adriano Schwartz, em artigo publicado no caderno *Mais!* (*Folha de S. Paulo*, 18 de outubro de 1998, p. 4), também defende essa ideia, dizendo: "Com a

116 ♦ Saramago – Um Roteiro para os Romances

*Reis*, discutindo a ditadura salazarista, *A Jangada de Pedra*, ironizando a questão da unidade europeia, e *História do Cerco de Lisboa*, voltando à formação do Reino Lusitano, tematizam claramente a História de Portugal, recente ou remota, no propósito de fazer uma obra menos nacionalista do que nacional. As intenções desses quatro romances passam pela problematização sobre o que é ser português no mundo contemporâneo, utilizando para tal a História como base de investigação. Já a partir de *O Evangelho Segundo Jesus Cristo* e *Ensaio sobre a Cegueira*, percebe-se um desprendimento dos temas inerentes a fatos da nacionalidade, para substituí-los por parábolas de caráter mais generalizante.

*O Evangelho Segundo Jesus Cristo* seria, pois, o responsável por ter desencadeado essa mudança temática, já que, desde a sua publicação, Saramago não trata mais de questões nacionais, como costumava fazer. O "evangelho" proposto pelo romancista foi, sem dúvida alguma, seu texto mais polêmico,

publicação de *O Evangelho Segundo Jesus Cristo*, encerra-se um ciclo na obra do escritor e inicia-se outro, marcado, concretamente, pela sua mudança de Portugal para a ilha de Lanzarote, na Espanha, e, literariamente, pela adoção de uma postura mais abstrata e parabólica em suas narrativas". Em outro artigo (*Cult*, número 17, dezembro de 1998, p. 29), ele diz que Saramago com o *O Evangelho Segundo Jesus Cristo* deu uma "guinada em sua trajetória". Numa entrevista a Horácio Costa, nessa mesma edição da *Cult* (p. 24), Saramago reconhece essa mudança temática de que estamos falando. Ele afirma: "Eu estou percebendo que, depois de uma expressão bem mais barroca como é o caso do *Memorial do Convento*, talvez por interferência do próprio século XVIII em que tudo acontece, estou me aproximando de uma narrativa cada vez mais seca. Encontrei, outro dia, uma fórmula que me parece boa, é como se durante todo esse tempo eu estivesse descrevendo uma estátua – o rosto, o nariz – e agora eu me interessasse muito mais pela pedra de que se faz a estátua. Quer dizer, já descrevi a estátua, todo mundo já sabe que estátua é essa que eu estive descrevendo desde *Levantado do Chão* até *O Evangelho Segundo Jesus Cristo*. A partir de *Ensaio sobre a Cegueira*, em *Todos os Nomes* e no próximo romance, se o escrever, trato da pedra".

justamente por ter entrado diretamente no delicado terreno da religiosidade. É certo que os romances anteriores já anunciavam uma predisposição para a ironia e para a sátira de fundo religioso, mas *O Evangelho Segundo Jesus Cristo* é uma narrativa tão fortemente corrosiva que muitos leitores – influenciados pelas interpretações literárias de fundo biográfico – tomaram-na como arauto do ateísmo de Saramago, como se apenas isso é que lhe tivesse permitido encontrar uma maneira, no mínimo criativa, de revisitar a história do surgimento do Cristianismo.

Depois de *O Evangelho Segundo Jesus Cristo*, é publicado *Ensaio sobre a Cegueira*, texto que, apesar da qualidade inconteste, causou estranheza ao leitor habitual dos romances de Saramago, pois abandonou a perspectiva histórica tradicional dos demais romances e, principalmente, criou um espaço narrativo fictício, imaginado, sem nome e sem nenhuma referência a Portugal. Poder-se-ia argumentar que não seria verossímil colocar uma epidemia de cegueira branca no Porto ou em Lisboa, mas para quem já fez uma passarola voar no século XVIII sobre a capital do Reino ou uma Península inteira se desgarrar do continente, não seria mais ou menos chocante uma legião de cegos nas grandes cidades portuguesas. Parece certo que no *Ensaio sobre a Cegueira* Saramago fez questão de não nomear nenhuma rua, nenhuma personagem, nenhum estabelecimento e nenhum momento fundamental da História do seu país, deixando patente que sua intenção era não mais falar, ao menos diretamente, sobre Portugal. Essa afirmação ganha força se lembrarmos que os romances anteriores ao famigerado "evangelho" continham insistentes referências à geografia ibérica, ao desenho urbano de Lisboa e aos fatos históricos nacionais.

118 ♦ Saramago – Um Roteiro para os Romances

Que *O Evangelho Segundo Jesus Cristo* não explicite questões ligadas a Portugal, vá lá, mas que *Ensaio sobre a Cegueira* "siga essa mesma trilha merece nossa atenção, principalmente se resolvermos aceitar – a despeito dos problemas teóricos suscitados – a linha de racincínio do próprio Saramago, para quem autor e narrador são a mesma coisa, afinal há um dado que é de conhecimento público: o escritor se exilou logo após a publicação do seu 'evangelho'".

Perguntado sobre essas alterações temáticas, Saramago respondeu o seguinte:

> É certo que os meus romances tendem, nos últimos tempos, a tratar questões a que, sem pretensão, chamaria essenciais. Mas a minha mudança para Lanzarote (não se tratou nem de exílio nem de autoexílio, por favor) nada tem que ver com isso. Será talvez consequência da idade...[2]

A princípio não teríamos motivos para discordar das palavras do romancista, mas é sabido que *O Evangelho Segundo Jesus Cristo* recebeu duras críticas dos setores mais conservadores da sociedade lusitana (aliás, Portugal, relativamente falando, é um dos países mais católicos do mundo). Até aí não haveria problema nenhum. Acontece que Saramago já confessou, em algumas entrevistas mais recentes, que um alto funcionário do Ministério da Cultura do seu país impediu o romance de concorrer a um prêmio literário europeu para o qual estava qualificado, alegando que *O Evangelho Segundo Jesus Cristo* era uma ofensa à moral cristã dos portugueses[3]. Para o escritor, essa censura foi uma arbitrariedade imensa,

---

2.  Entrevista exclusiva.
3.  Horácio Costa, na já mencionada edição da *Cult* (p. 18), diz: "Atualmente, [Saramago] vive na ilha de Lanzarote, na Espanha, onde se autoexilou depois

não pelo prêmio literário evidentemente, mas por ser esta uma atitude incompatível com um regime democrático que prega a liberdade de expressão. Desiludido com a gente portuguesa, Saramago seguiu um conselho da esposa e os dois foram morar em terras espanholas, na ilha de Lanzarote, nas Canárias.

A universalidade dos últimos textos de Saramago, recrudescida pela ausência de referências diretas ao próprio país, pode então ser consequência da idade, como ele já sugeriu, do autoexílio ou de outra causa qualquer, que alguém ainda há de propor. Mas determinar as causas dessa mudança não é o mais importante. O fato é que os cinco romances imediatamente posteriores a *Ensaio sobre a Cegueira*, que não fazem parte deste estudo (e serão citados como simples ilustração), confirmam nossa hipótese, pois *Todos os Nomes* (1997), *A Caverna* (2002), *O Homem Duplicado* (2002), *Ensaio sobre a Lucidez* (2004) e *As Intermitências da Morte* (2005) mantêm a lição do *Ensaio sobre a Cegueira*: não se fala de nomes de ruas nem de cidades e as personagens nem sempre são nomeadas.

No caso de *Ensaio sobre a Lucidez*, que trata de uma onda de votos brancos no mesmo lugar em que ocorrera a epidemia de cegueira branca do *Ensaio sobre a Cegueira*, há uma passagem que ilustra muito bem esse efeito de generalização dos últimos romances de Saramago, bem como sua relação com as "coisas" de Portugal:

As pessoas que aguardavam a iminente demonstração oratória do chefe do estado não poderiam, nem por sombras, imaginar o esforço que aos assessores literários da presidência da república lhes havia cus-

que o governo português negou a inscrição do romance *O Evangelho Segundo Jesus Cristo* no Prêmio Europeu de Literatura, em 1991".

120 ♦ Saramago – Um Roteiro para os Romances

tado preparar o discurso, não quanto ao arrazoado propriamente dito, que só teria de pulsar umas quantas cordas do alaúde estilístico, mas ao vocativo que, segundo a norma, o deveria abrir, as palavras padronizadas que, na generalidade dos casos, dão começo a arengas desta natureza. Na verdade, considerando a melindrosa matéria da comunicação, seria pouco menos que ofensivo dizer Queridos Compatriotas, ou Estimados Concidadãos, ou então, modo mais simples e mais nobre se a hora fosse de tanger com adequado trémolo o bordão do amor à pátria, Portugueeeeesas, Portugueeeeeses, palavras estas que, apressamo-nos a esclarecer, só aparecem graças a uma suposição absolutamente gratuita, sem qualquer espécie de fundamento objectivo, a de que o teatro dos gravíssimos acontecimentos de que, como é nosso timbre, temos vindo a dar minuciosa notícia, seja acaso, ou acaso tivesse sido, o país das ditas portuguesas e dos ditos portugueses. Tratou-se de um mero exemplo ilustrativo, nada mais, do qual, apesar da bondade das nossas intenções, nos adiantamos a pedir desculpa, em especial porque se trata de um povo universalmente famoso por ter sempre exercido com meritória disciplina cívica e religiosa devoção os seus deveres eleitorais (pp. 93-94)[4].

Aqui, fica claro que Saramago nunca deixou de falar sobre Portugal, ainda que indiretamente. O que ocorreu é que ele abandonou os romances históricos, que tematizavam a história do país explicitamente (e que acabavam por reafirmar uma espécie de identidade nacional), e passou a criar parábolas, que acabam de algum modo (re)pensando essa identidade. A mudança de rota na carreira de Saramago indica que seus últimos romances, sem desvalorizar a postura crítica de suas primeiras obras, preferiram adotar um ponto de vista de análise mais geral e mais amplo, como estratégia discursiva de, evitando o efeito de particularização típico do

4.   José Saramago, *Ensaio sobre a Lucidez*, São Paulo, Companhia das Letras, 1994.

romance histórico, chegar a uma reflexão mais universal, que trata das "coisas" de Portugal, mas não apenas delas.

Mas, como todo atalho apresenta seus riscos, nossa hipótese interpretativa tem lá suas limitações. Em 2008, Saramago publica *A Viagem do Elefante*, romance ambientado no século XVI. Muitas personagens continuam sem nome, e as que o têm veem-no grafado em letras minúsculas. Em contrapartida, as cidades e países voltam a ser "reais". Não se trata de uma volta ao maravilhoso historicizado do *Memorial do Convento*, mas não se trata também da generalidade de *A Caverna*. Por fim, em 2009, *Caim* retoma os temas bíblicos, adotando um tom semelhante a *O Evangelho Segundo Jesus Cristo,* mas com foco no Velho Testamento. Será que *A Viagem do Elefante* e *Caim* são uma espécie de síntese da fase anterior e da fase posterior a *Ensaio sobre a Cegueira*? Eis mais uma hipótese, que o tempo cuidará de comprovar ou não...

# 11

# Os Prêmios Literários e o Nobel

José Saramago é um dos autores mais premiados da história, dentro e fora de Portugal, apesar de sempre ter dado pouca importância a esses prêmios, sobre os quais ele afirmou: "Gosta-se de os receber, mas não acrescentam nada à importância da obra que premiam"[1].

O recebimento do Nobel de Literatura (que nunca havia sido dado à Língua Portuguesa), no dia oito de outubro de 1998, porém, foi altamente significativo, primeiro por coroar uma bem-sucedida carreira literária, e segundo porque pode acrescentar muito à importância do nosso idioma, projetando-o no cenário cultural europeu, o que pode vir a abrir mais espaço para os nossos escritores. Interessante notar que nem todas as reações foram de satisfação em relação à consagração de Saramago, principalmente no Vaticano e naqueles setores mais conservadores da sociedade portuguesa.

---

1. Entrevista exclusiva.

Para este trabalho, contudo, o Nobel veio a calhar, afinal o prêmio acaba sendo também um certo alívio àqueles que, tendo se dedicado ao estudo da obra de Saramago, esperaram por alguns anos este justo reconhecimento.

# Bibliografia

ARRIGUCCI JR., Davi. *O Escorpião Encalacrado: A Poética da Destruição em Julio Cortázar*. São Paulo, Companhia das Letras, 1995.

BAKHTIN, Mikhail. *Problemas da Poética de Dostoiévski*. Trad. Paulo Bezerra. Rio de Janeiro, Forense Universitária, 1997.

BASTOS, Baptista. *José Saramago: Aproximação a um Retrato*. Lisboa, Publicações Dom Quixote, 1996.

*Bíblia Sagrada*. Tradução do Centro Bíblico Católico. São Paulo, Ave Maria, 1991.

BRECHT, Bertold. *Poemas e Canções*. Trad. Geir Campos. Rio de Janeiro, Civilização Brasileira, 1966.

CAMÕES, Luís de. *Obras Completas* (5 volumes). Lisboa, Sá da Costa, 1947.

COSTA, Horácio. *José Saramago – O Período Formativo*. Lisboa, Caminho, 1997; Belo Horizonte, Ed. Moinhos, 2020.

DISCINI, Norma. *O Estilo nos Textos*. São Paulo, Contexto, 2003.

FIORIN, José Luiz. *Elementos de Análise do Discurso*. S. Paulo, Contexto, 2005.

GAMA, Luís Filipe Marques da. *Mafra – Palácio Nacional*. Instituto Português do Patrimônio Cultural, 1997.

GOMES, Álvaro Cardoso. *A Voz Itinerante: Ensaio Sobre o Romance Português Contemporâneo*. São Paulo, Edusp, 1993.

JOSEF, Bella. *O Espaço Reconquistado – Uma Releitura: Linguagem e Criação no Romance Hispano-americano Contemporâneo*. Rio de Janeiro, Paz e Terra, 1993.

OLIVEIRA FILHO, Odil José de. *Carnaval no Convento: Intertextualidade e Paródia em José Saramago*. São Paulo, Editora Unesp, 1993.

126 ◆ Saramago – Um Roteiro para os Romances

SARAMAGO, José. *A Jangada de Pedra*. Posfácio de Luís de Sousa Rebelo. Lisboa, Caminho, 1991.

———. *Levantado do Chão*. Rio de Janeiro, Bertrand Brasil, 1993.

———. *O Ano da Morte de Ricardo Reis*. São Paulo, Companhia das Letras, 1993.

———. *História do Cerco de Lisboa*. São Paulo, Companhia das Letras, 1993.

———. *A Jangada de Pedra*. São Paulo, Companhia das Letras, 1994.

———. *Ensaio sobre a Cegueira*. São Paulo, Companhia das Letras, 1995.

———. *Memorial do Convento*. Rio de Janeiro, Bertrand Brasil, 1996.

———. *Terra do Pecado*. Lisboa, Ed. Caminho, 1997.

———. *O Evangelho Segundo Jesus Cristo*. São Paulo, Companhia das Letras, 1997.

———. *Todos os Nomes*. São Paulo, Companhia das Letras, 1997.

———. *A Caverna*. São Paulo, Companhia das Letras, 2000.

——— *O Homem Duplicado*. São Paulo, Companhia das Letras, 2002.

———. *Ensaio sobre a Lucidez*. São Paulo, Companhia das Letras, 2004.

———. *As Intermitências da Morte*. São Paulo, Companhia das Letras, 2005.

———. *A Viagem do Elefante*. São Paulo, Companhia das Letras, 2008.

———. *Caim*. São Paulo, Companhia das Letras, 2009.

SARAIVA, António José & LOPES, Óscar. *História da Literatura Portuguesa*. Porto, Porto Editora, 1995.

SARAIVA, José Hermano. *História de Portugal*. Lisboa, Europa-América, 1993.

SERRÃO, Joel. *Cronologia Geral da História de Portugal*. Lisboa, Livros Horizonte, 1986.

SILVA, Teresa Cristina Cerdeira da. *Entre a História e a Ficção: Uma Saga de Portugueses*. Lisboa, Publicações Dom Quixote, 1989.

SPINA, Segismundo. *Introdução à Poética Clássica*. São Paulo, Martins Fontes, 1995.

*Vulgata (Biblia Sacra)*. Stuttgart, Deutsche Bibelgesellschaft, 1994.

### Jornais e Periódicos

*Folha de S. Paulo*, Ilustrada, 2 de fevereiro de 1996, p. 3.

*Folha de S. Paulo*, Mais!, 18 de outubro de 1998, pp. 4-5.

*O Estado de S. Paulo*, Caderno 2, 21 de setembro de 1996, pp. 4-5.

*Cult*, número 17, dezembro de 1998, pp. 16-29 e 32-35.

*Texto & Cultura*, ano 5, número 3, junho de 1997, pp. 4-6.

| | |
|---:|:---|
| *Título* | Saramago: Um Roteiro para os Romances |
| *Autor* | Eduardo Calbucci |
| *Produção e Projeto Gráfico* | Anderson Massahito Nobara |
| *Produção editorial* | Millena Machado |
| *Capa* | Marcelo Cordeiro |
| *Editoração Eletrônica* | Anderson Massahito Nobara |
| | Victória Cortez |
| *Revisão* | Mario Higa |
| *Formato* | 13 x 20 cm |
| *Tipologia* | Bembo |
| *Papel do Miolo* | Chambril Avena 80 g/m² |
| *Papel da Capa* | Cartão Supremo 250 g/m² |
| *Número de Páginas* | 128 |
| *Impressão* | Graphium |